いま誇るべき日本人の精神

加瀬英明
Kase Hideaki

ベスト新書
508

目次

第一章　日本を取り巻く荒波の世界

世界はどこへ向かっているのか

いま、世界が混沌として、先がまったく見えない。

このような状況は、第二次世界大戦が終わって、米ソが世界を二分して対決した冷戦時代にも、なかった。

二〇一五年に混乱が深まったが、二〇一六年に入る助走だったと、いわれることになろう。今後、混乱がいっそうひろがってゆくことになる。

そのなかで、日本と中国のあいだで、アジアの未来をかけた、天下分け目の戦いの幕が上がった。

日本か、中国か、どちらか、この戦いに勝ったほうが、新しいアジアの時代を開くことになろう。

尖閣諸島を巡って、いま、日本と中国が我慢くらべをしている。

中国が勝つか、日本が勝つことになるのか。日本の生き死にをかけた戦いが、始まっている。

日本だけではない。アジア全体の明日が、かかっている。

私たちは新しいアジアが生まれる、二十一世紀の壮大なドラマのなかに、生きている。

オバマ大統領のもとの七年間で、世界秩序の番人だったアメリカが、意志力を萎《な》えさせて、内に籠《こも》ってしまった。そのために、ヨーロッパ、中東から、アジアまで、激しく揺れるようになった。

多くの人々によってグローバリズムこそ、世界が進む道だと信じられていたが、グローバリズムの時代に代わって、世界がナショナリズムの時代に戻りつつある。

私は二〇一六年が明けるとすぐに、毎年だが、同じテレビ局によって招かれて、「新しい年の世界が、どうなるか」を予想する番組に、出演した。

まず、私はいま世界のなかに、すでに崩壊してしまった地域と、内部から崩壊が進みつつある国々があるといい、そのすぐわきにあるために、巻き添えになっているか、そうなる危険に迫られている国々が、存在していると、指摘した。

日本も、ヨーロッパも、地理的に置かれた場所が、悪い。

混乱する中東

ヨーロッパから、地中海を隔てた中東が、みるみる溶解しつつある。

イスラム教の二大宗派であるスンニー派とシーア派の死闘と、「イスラム国」(IS、あるいはISIS）が、中東のありかたを一変させている。

ISは、世界が近代に入ってから、かつてなく過激で、強力な宗教運動だ。テロリスト集団がこれほど広い地域を占拠して、国家を称したのは、初めてのことである。

ヨーロッパは、中東のすぐわきにある。中東や、北アフリカから、大量の難民がヨーロッパに蝗《いなご》の大群のように、押し寄せて、二十八のヨーロッパ諸国を束ねてきたEU（ヨーロッパ連合）に亀裂が生じて、解体する危機に直面している。

これから、中東の混乱がさらにひろがって、サウジアラビアをはじめとするアラビア半島の王制産油諸国も、呑み込もうとしている。

この場合、アメリカも、ヨーロッパ諸国も、アラビア半島の諸国を救うことができない。日本は国民生活の命綱となっているエネルギー資源の九十％近くを、ペルシア湾を挟んでいる産油諸国と、ペルシア湾の出入り口であるホルムズ海峡に、依存している。

日本は世界の三大経済大国の一つであるというのに、経済力にまったく釣り合わない、脆《もろ》い国家となっている。

ペルシア湾から近いイラクとシリアを舞台にして、スンニー派とシーア派が抗争しているかたわら、「イスラム国」を囲んで、戦闘が続いている。

もし、アラビア半島が混乱に陥るか、ホルムズ海峡が封鎖されることがあれば、日本は痛撃を受けることになるだろう。

日本経済だけではない。日本の安全が、中東と直結している。どのように結びついているのか、次章で説明しよう。

中東から眼を、日本、朝鮮半島、中国がある東アジアへ転じよう。

中国は崩壊しつつある

中国と北朝鮮が、日本海と東シナ海を隔てて、時間の問題で内部崩壊へ向かっている。

中国にとって、暗い、不安がいっぱいな二〇一六年が明けた。

新年の訪れとともに、上海株式市場の株価が大幅に下落して、中国政府を狼狽させた。

二〇一七年が終わる前に、中国か、北朝鮮が〝突然死〟する可能性が、目の前にある。

そうなったら、日本が大きく揺さぶられることになる。

あるいは、中国崩壊の危機には、二〇二〇年代の前半ごろまでは、時間の余裕があるかもしれない。

中国が病んでいる。日本がその巻き添えになりかねない。

習近平体制が、綱渡りを続けている。習近平国家主席は二十一世紀の中華帝国の皇帝であるが、歴代の中華帝国の皇帝は、天から「天命」を授かって、中国を統治してきた。そして、天命を失うたびに、王朝が倒れた。

中国は鄧小平が一九七八年に、共産主義イデオロギーを思い切って捨てて、大改革に踏み切ってから、経済発展を政権の天命としてきた。しかし、中華人民共和国は、高度経済成長が暗礁《あんしょう》に乗り上げてからというものの、その天命を失っている。

中国はすでに経済が、破綻している。習体制は何とかして生き延びようとして、無理に無理を重ねている。

だが、AIIB（アジア・インフラ投資銀行）をとっても、国際通貨基金（IMF）が人民元をSDR（特別引出権）の構成通貨として、国際通貨に加えたのをとっても、なすことすべてが、失敗している。

習主席の中華人民共和国は、自信があるように振る舞って、虚勢を張っているものの、命脈が尽きている。

中国の先輩であるソ連は、七十年しかもたなかった。中国——中華人民共和国は、今年で建国から六十七年を数える。

あらゆることが、虚偽によって塗り固められた体制が、長く続くはずがないことを、歴史が教えている。

それをよそに、習主席はアメリカ、ドイツ、イギリス、イランなどをはじめとする国々へ、気前よく金《かね》をばら撒いている。

二〇一五年に訪米した時には、西海岸のカリフォルニア州で、ボーイング社の旅客機を三百機もまとめて〝爆買い〟し、イギリスで原子力発電所を建設するといって、大盤振舞いした。明けて一月には、経済制裁が解除されたばかりのイランに乗り込んで、新幹線を敷く約束をするなど、金《かね》に糸目をつけることなく、歓心を買うことに努めている。

何の裏付けもない人民元を刷っているから、人民元が暴落してゆくことになる。

習近平国家主席は、中国の最高指導者となってから、四年が過ぎた。二〇一八年に二期目を迎えるが、はたして二期目を務められるものか、危《あや》うい。

習近平主席は、足元が揺らぎはじめたために、「五千年の偉大な中華帝国の復興」をスローガンとして打ち出して、膨張政策をとってきた。これも、大失敗だ。

かえって、中国を取り巻く周辺諸国が強く反発して、日本から、東南アジア、インドまでの諸国が、龍を檻《おり》のなかに閉じ込めようとして、中国包囲網を構築するようになった。

中国がアジアの覇権を握ろうとしても、これは中国の能力を超えている。

習主席の前任者だった胡耀邦主席は、中国国内の所得格差が世界のどの国よりも、大きく開くようになったために、滑稽きわまりないことだったが、「和諧社会《ホオシエスフユ》」を新しいスローガンとして、掲げた。

今日でも、毛沢東の巨大な肖像絵が天安門広場を見下ろしているが、中華人民共和国は共産主義《マルキシズム》を表看板として、掲げてきたのではなかったか。

中国が建国以来、国是としてきたはずの、共産主義のもっとも基本である教えといえば、階級闘争によって特権階級を打倒し、所得格差をなくして、平等社会をつくることであったはずだった。それが、階級闘争を忘れて、睦《むつ》みあおうというのだ。

中国という巨龍が病魔に冒されて、高熱に浮かされて、のたうちまわっている。

習主席は暴れ龍の背中に、必死になって、しがみついている。いったい、いつまで巨龍を御《ぎょ》することが、できるものだろうか。

習主席は、危機的な状況を乗り切るために、独裁体制の強化をはかって、国志たちの地位を情け容赦なく奪って、毛沢東が行った人民文化大革命と並ぶ権力闘争を、強引に進めている。

これまで、鄧小平体制以後、中国はライバルであっても、同じ穴の貉《むじな》の仲間だった幹部たちが棲み分ける、集団指導によって運営されてきた。

毛沢東主義の中国は、文化大革命によって破壊された。今回、習主席が始めた容赦ない権力闘争も、毛沢東が権力を奪還しようとして仕掛けた文化大革命と同じように、体制を崩壊させることとなろう。文化大革命は、暴挙だった。

中国共産党による特権支配は、鄧小平が毛沢東主義を捨てるという、大転換する手品を行うことによって、救われた。

もし、鄧小平があの時に大胆に舵《かじ》を切らなかったとしたら、中国はもっと早く崩壊していたはずだ。

習主席は、露骨な権力闘争を進めるわきで、軍の近代化を進めて、龍の爪を研《と》ぐとともに、形振《なりふ》り構わずに、軍のかつてない大規模な改革を強行している。だが、習近平体制下の中国の内部矛盾は、機構をいじることによって、是正できるものではない。

習主席が「中華帝国の復興」を号令しているのは、二代前の江沢民体制が毛沢東や、マルクスに代えて、二千年前の孔子に対する崇拝を復活した軌道の上を、走っている。

共産中国が過去の歴代の王朝を、人民を虐《しいた》げてきたとして、敵視してきたのにかかわらず、国民に「五千年の偉大な中華文明の復興」を訴えて、〝偉大な中華帝国〟を復活することを、「中国の夢《チュングオモン》」であると呼んでいる。かつて、アジアに君臨した中華大帝国を甦《よみがえ》らせることを、新しい天命として掲げている。

経済成長こそが、独裁政権と国民のあいだを結ぶ契約だった。

中国の最高権力者たちは、低成長に陥った経済がもたらす社会不安を乗り切って、国民からの支持を獲得するために、「和諧社会」や、「偉大な中華文明の復興」というように、次々と自転車操業よろしく、新しい天命を発明するようになっている。国民の目を晦《くら》ます、曲芸を行っているのだ。

鄧小平の大改革以来、中国という巨龍は口から、高度経済成長という火炎を、さかんに吐いていた。いまでは、それに代えて、強大な軍事力という炎を、吐いている。

だが、毛沢東も「偉大な中華文明の復興」の夢を、見ていたのではないだろうか。毛沢東も、骨の髄《ずい》まで中国人だ。共産主義はその夢を実現する手段に、すぎなかったのではないか。

「偉大な中華文明を復興しよう」という天命は、危険きわまりない。

習体制はかつての中華帝国を復興する「中国の夢」によって、国民を煽っている。

日本を踏み潰したい中国

中国が論理ではなく、感情によって動かされている。感情は盲目だ。これは、日本にとって、悪夢だ。

今後、日中関係が良好なものになることは、まったく考えられない。いまや中国は狂気によって、駆り立てられている。

中国は何とかして、日本を跪《ひざまず》かせようとしている。

歴代の中華帝国では、中国の皇帝が最高神である天帝によって、全世界を支配する使命を委ねられていた。

中華帝国は天命によって、世界の中心であると称した。中国人は過去の中華帝国を、誇ってきた。中国人には、この血が流れている。

習体制は、かつて中国が世界の支配者だったという、中国人の誇りを擽《くすぐ》り、アジアの覇権を握ることによって、体制を守ることができると考えている。

だが、もし体制が内部崩壊に迫られれば、国内を引き締めるために、国民の眼を外へそらそうとして、国外に危機をつくりだそう。

その場合には、台湾に進攻するか、あわせて尖閣諸島を奪いにくる可能性が、現実となる。日本が頭から火の粉を、かぶることになる。

中国は日本を跪かせることに成功すれば、国内危機を乗り越えることができる。

中国を囲む諸国の鎖《くさり》のなかで、台湾と日本が、もっとも弱い環《わ》となっている。

中国は日本さえ、屈服させることができれば、アジアの覇権を握れることを知っている。日本こそが、「中国の夢」の前に立ちはだかっている。

日本は古代から中国にとって、癪《しゃく》の種であってきた。日本は隋王朝（五八一年から六一八年）以後、中国皇帝が世界の統治者であると称してきたのを、認めなかった。

多くの中国人が歴史を通じて、日本を夷狄《いてき》（野蛮な民族）として、見下してきたのにもかかわらず、日本が十九世紀後半に入って、アジアに先駆けて近代化するのに成功し、日清戦争に敗れて以来、日本の後塵《こうじん》を拝するようになったという、深い屈辱感によって嘖《さいな》まされてきた。

そのために中国は、いつか、日本を踏み潰すことによって、屈辱を晴らしたいという夢を、抱いてきた。

中国の「核心的利益」とは

東シナ海と、南シナ海が危い。中国は、東シナ海と南シナ海を、中国の内海としようとしている。東シナ海と南シナ海は、一体のものだ。

南シナ海では、マレーシアや、フィリピンや、台湾が領有権を主張している多くの島嶼《とうしょ》を占領している。尖閣諸島をめぐるのと同じ事態が、起こっているのだ。

中国は二〇一三年から、南シナ海の岩礁《がんしょう》をつぎつぎと埋め立てて、七つの人工島を建設してきた。

国際海洋法条約は、満潮時に海面下に沈んでしまう岩礁の領有権を、認めていない。それにもかかわらず、古代から中国に属してきた「神聖な国土」だと、強弁している。

世界の海上交通量の半分が、南シナ海を通っている。

中国は世界史において、岩礁を埋め立てることによって、多くの人工島を建設して、領土だと主張する戦略をとった、最初の国である。

これまで、中国は南シナ海で、東京都の千代田区とほぼ同じ面積の人工島を、建設してきた。

中国は、アメリカがこれらの人工島を、中国の領土として認めないのに対して、

「核心的利益《クシンダリイ》」だと、いい張っている。

このところ、中国は尖閣諸島であれ、南シナ海の人工島であれ、中国の「核心的利益」だといって、「核心的利益」という言葉を、乱発するようになっている。

いったい、中国の「核心的利益」とは、何だろうか？　中国共産党のひと握りの支配集団の特権を守ることが、中国の「核心的利益」となっている。

「中国の夢」をタマネギのように、剥《む》いてゆくと、どのような「核心」が、でてくるのだろうか。

「中国の夢」は、習近平を頂点とする特権集団が、権力を永久に握り続けたいという夢である。特権を維持するために、独裁を継続して、どのような手段でもとることを、躊躇《ちゅうちょ》しない。

中国は中国共産党という名の無法集団によって、支配されている。その一党独裁下にあって、法の支配に代わって、無法な支配が行われてきた。

朝鮮統一という悪夢

北朝鮮の金正恩体制も、薄氷のうえを歩いている。

金正恩政権も体制を固めるために、大粛正を強行してきた。

金正恩第一書記が不満分子によって、暗殺される可能性もあろうが、北朝鮮のほうが人口が少なく、統制しやすい。小国の強みだ。

北朝鮮の体制のほうが、中国よりも、長くもつのではないか。

金正日はクリントン政権の時に、父・金日成の後を継いだばかりのところだった。クリントン政権は、金正日の北朝鮮がほどなく崩壊することになると、信じた。この予測は、大きく外れた。

北朝鮮は日韓併合まで、五百年にわたって続いた李氏朝鮮に、酷似している。

北朝鮮は、李朝の再来なのだ。中国の歴代王朝のなかでは、李氏朝鮮ほど長く続いた王朝は、十三世紀に滅びた南宋しかない。

李氏朝鮮は、高麗朝の武将だった李成桂が、高麗朝を倒すことによって、創始者となった。中国の興っては、滅びる王朝のなかで、南宋を除けば、清朝が二百六十八年で、もっとも長かった。

もちろん、中国が崩壊すれば、北朝鮮は時間の問題で道連れとなろう。

もし、北朝鮮が崩壊した時に、核兵器がどうなるのか。

韓国のもとで朝鮮半島が統一されて、統一韓国が核武装国家となったら、日本にとって恐ろしい悪夢となる。

アメリカからの自立

新年のテレビ番組で、アメリカの大統領選挙の行方が、話題となった。

私は「一つ、朗報があります」と、いった。

「二〇〇八年にオバマ大統領が初めて当選した年の新年にも、四年前に再選を果した新年にも、ここに招いて下さいました。八年前の時も、四年前も、アメリカで大統領候補を選ぶ予備選挙が、翌月から始まるところでした。

『いったい誰が大統領となったら、日本にとって望ましいだろうか』とたずねられて、『そんなことが話題になるのは、何とも恥ずかしいことに、世界のなかで日本だけだ』と、答えました」と、述べた。

そのうえで、「今年ははじめて、そんなことが、話題になっていません。すがすがしい新年ですね」と、つけ加えた。

四年前には、会う人にかならずのように、「オバマと、ロムニーのどちらが、日本にとって望ましいでしょうか」と、たずねられたものだった。（ミット・ロムニー前マサチューセッツ州知事が、共和党の大統領候補となった）

国の運命をアメリカによる保護に依存している弱小国を別として、イギリスや、ドイツをはじめとする先進諸国において、アメリカの大統領選挙のたびに、誰が当選したらその国のためになるかということが、問われることはない。

誰がアメリカの大統領になっても、それなりに対応しなければならないことを、知っているからだ。

今回の大統領選挙の年に当たって、日本の運命をアメリカに委ねることができないから、自立する度合を高めなければならない、という認識が、ひろまるようになっているのだ。

日本が先の大戦に敗れてから、はじめてのことだ。日本回帰の動きが、始まったのだ。

私たちは大急ぎで、日本に回帰しなければならない。日本が自立せざるをえない時代に、入っている。

しかし、日本にとって、時間の余裕があるのだろうか。

日本は戦後七十年、アメリカの顔色を窺《うかが》いながら過す、情けない状況にあった。

ようやく日本国民が、目を覚まそうとしている。

内に籠るアメリカ

もはや、アメリカが世界を律していない。アメリカが内に籠《こも》るようになった。アメリカに縋《すが》れなくなったために、日本でアメリカの大統領の存在が、軽くなったのだ。

オバマ政権のもとで、世界からアメリカという重石《おもし》が、外れてしまった。

そのために、世界の各所で魑魅魍魎《ちみもうりょう》が解き放たれて、山の怪物や、川の怪物や、さまざまな化け物が、暴れはじめている。

そのなかで、中国や、ロシアが、いっそう勝手に振る舞うようになった。

アメリカはブッシュ（第43代大統領）政権のもとで、〝アメリカ一極時代〟といわれる絶頂期にあった時に、イスラム過激派のテロによって、ニューヨークの世界貿易センターが攻撃されて、破壊された。

ブッシュ政権はアフガニスタンのタリバン政権を倒すと、驕《おご》り昂《たかぶ》った勢いを駆って、イラクに侵攻した。ところが、目論見《もくろみ》が大きく外れて、中東に泥沼をつくりだしてしまった。

アメリカ国民はアメリカの力の限界を、知らされた。

アメリカが受けた傷は、深かった。しかし、この七年間、アメリカが内に籠るようになったのは、オバマの責任ではけっしてない。

だが、オバマ大統領がリーダーとしての資質を欠いていたために、世界の混迷が深まった。

オバマは大統領として選出されるまで、弁舌に長《た》けていたものの、シカゴの市民運動の活動家上がりの州議会議員の地方政治家でしかなく、行政の経験も、歴史観も、信念も、欠いていた。

ワシントンで上院議員を一期つとめたが、大統領選挙へ向けて、全米を飛びまわったから、中央にほとんどいなかった。オバマ大統領は急変する海外の情勢に対応できずに、翻弄された。

二〇一六年は、アメリカの大統領選挙の年だ。十一月に投票が行われ、翌年一月に新しい大統領が就任する。

アメリカの内向的な姿勢は、新大統領のもとで四年か、それ以上にわたって、そのあいだに、国民が目を覚ますような衝撃的な事態によって、見舞われないかぎり、続くこととなろう。

私は以前からアメリカは第二次世界大戦が終了してから、内に籠る時期と、外へ向かって打って出る時期を、交互させてきたと説いてきた。

私はアメリカが外へ向かってひろがったり、内に籠ったりすることから、「アコーデオン国家」だと、呼んできた。アメリカはアコーデオンの奏者のようだ。

アメリカはトルーマン政権のもとで第二次世界大戦が終わって、平和が回復すると、大規模な軍縮を進めた。

ところが、一九五〇年六月に朝鮮戦争が起こった。三年にわたって血みどろの激戦が戦われた。

朝鮮戦争は次のアイゼンハワー政権が、一九五三年七月に休戦協定を結ぶことによって、ようやく終わった。アイゼンハワー政権のもとで、アメリカは外征《がいせい》戦争に懲《こ》りて、内に引き籠るようになった。

ところが、一九六一年に若きケネディ大統領が颯爽《さっそう》と登場すると、アメリカは外へ向かって、勢いよく脹《ふく》らむようになった。

ケネディ大統領がベトナム戦争を始めたことから、アメリカでは別名を「ケネディの《ケネディーズ・》戦争《ウォア》」と呼ばれている。ケネディが暗殺されると、ジョンソン政権が登場して、ベトナム戦争が泥沼化した。

次のニクソン政権が、終わりが見えないベトナム戦争を、引き継いだ。ニクソン政権は国内で反戦運動と、黒人の権利平等を求める公民権運動が荒れ狂ったこともあって、一九七五年四月に南ベトナムを見限って、放棄した。

ニクソン政権のもとで、アメリカは再び内に籠った。

ニクソン大統領がウォーターゲート事件によって辞任すると、フォード大統領が引き継いだが、次のカーター政権のもとでも、傷を舐《な》め続けた。

ところが、一九八〇年の大統領選挙で、レーガンが「強いアメリカ」を打ち出して、圧勝することによって、ホワイトハウスの主人となると、アメリカは再び外へ向かって打って出るようになった。

アメリカ国民が「弱いアメリカ」に、倦《う》むようになったのだ。

レーガン政権はソ連に対して、真正面から軍拡競争を挑んだ。ソ連は軍拡競争の重荷に堪えることができず、一九九一年に解体した。

ブッシュ（第41代）大統領のもとで、フセイン政権のイラクが侵略したクウェートを、解放する湾岸戦争を戦った。

〝アメリカ一極時代〟が続いた。クリントン政権がユーゴスラビア解体後のバルカン半島に、軍事介入した。

そのあとに、ブッシュ（第43代大統領）政権が登場して、中東の枠組みをぶち壊した。

オバマ大統領は二〇一一年に、シリアのアサド政権が首都ダマスカスにおいて、反政府勢力に対して毒ガスを用いたといって、いったん、「限定的な制裁攻撃を加える」と発表したものの、国内世論の反対にあうと、逡巡《しゅんじゅん》して、取りやめる醜態を演じた。

この時に、オバマ大統領は「アメリカは世界の警察官ではない」と明言して、世界を戸惑わせた。

だが、アメリカの大統領がこういったのは、初めてではなかった。

人々は忘れやすい。ニクソン大統領が南ベトナムを放棄した時にも、公の場で「アメリカは世界の警察官ではない」と、述べている。

今日でも、アメリカは世界のなかで、他の追随を許さない、最強の軍事力を保有し、経済、科学、技術力において、圧倒的な力を持っていることに、変わりがない。ただ、意志力が萎《な》えているのだ。

いま、アメリカという〝スーパーマン〟が、松葉づえをついている。

アメリカはずっと眠り続けるのだろうか。いつまで、内に籠ることになるのだろうか。

アメリカ国民がやがて「弱いアメリカ」に倦んで、再び世界に干渉するようになるのだろうか。

私は二〇一七年一月に、誰がアメリカの大統領となろうとも、アメリカがよほど衝撃的な事態に見舞われないかぎり、少なくとも四年から、八年、内に籠り続けるだろうと思う。内向的なアメリカが続くあいだ、世界が乱れよう。世界にとって危険な時期となる。

それとも、アメリカという「アコーデオン」が、綻《ほころ》んでしまったのだろうか。

私はそう思わない。もっとも、アメリカが内に籠るのをやめてしまっても、アメリカは同盟諸国にいっそうの負担を分担することを、強く求めることとなろう。

中国は二〇一七年に崩壊する

私はワシントンに、足繁く通ってきた。

二〇〇一年に研究所に招かれて、講演した時に、ちょうど国際オリンピック委員会総会が、七年後の二〇〇八年の夏季オリンピック大会を、北京で主催することを決定した直後だった。

私は「中華人民共和国は、二〇一七年に崩壊する」と、述べた。

そして、全体主義国が夏季オリンピック大会を主催するといって、九年後に崩壊するといって、ヒトラーのナチス・ドイツが一九三六年に、ベルリン・オリンピック大会を盛大に開催したが、ナチス・ドイツはその僅《わず》か九年後の一九四五年に、跡かたもなく崩壊したと、述べた。

「ブレジネフ書記長のソ連が、一九八〇年にモスクワ大会を主催しましたが、九を足して下さい。一九八九年に、〃ベルリンの壁〃が倒壊して、ソ連が解体してしまいました。中華人民共和国も、二〇一七年に崩壊します」と、続けた。

会場から拍手が起こったが、私の予測に同意したのではなく、ユーモアに対するものだった。

それ以来、ワシントンの友人たちのあいだでは、私が、中国は二〇一七年に崩壊すると予見したのが、「加瀬の法則《カセズ・ロー》」として知られるようになった。

二〇一〇年代に入ってから、中国の状況が私の予言が的中するように、次第《しだい》にみえるようになった。

友人と会うごとに、「当たることになるのか」とたずねられるが、「あれは目途《めど》で、五、六年、ずれるかもしれない」と、答えている。

プチン大統領と習近平国家主席の夢

もう一つ、過去の滅びてしまった大帝国を復活しようと、夢見ている国がある。プチン大統領のロシアだ。プチン大統領のロシアは、習近平の中国によく似ている。

ロシアも、中国も、かつて覇権国家であったから、周囲の諸民族が当然のことに従うべきだと思って、国境という観念がない。力こそが、正義であるとみなしている。

私はかねてから「ロシアは縄文時代の国だ」と、いってきた。

宇宙、兵器産業を例外として、見るべき工業がまったくない。経済を、石油、天然ガス、金、銀、ダイヤモンドなどの鉱物資源に依存している。採集経済だ。

ロシアは、乗用車、パソコン、スマホ、家電製品、腕時計、コーヒーメーカーといった、消費材をつくることができず、外資系の工場によるか、輸入に頼っている。

貂《てん》の毛皮の襟巻《えりまき》や、帽子も世界的に有名だが、狩猟経済だ。

プチン大統領はこれまで十六年間、独裁者としてロシアに君臨してきた。

プチン大統領はしばしば、「二十世紀の最大の悲劇は、ソ連が崩壊したことだ」と、公言してきた。

大統領となって実権を握ると、ソ連邦を再現するユーラシア連邦をつくることを、目標としてきた。

プチン大統領は、習近平国家主席と同じように、解体してしまったソ連か、あるいはロシア大帝国の復興を夢みている。

多くのロシア国民が、何世代にもわたる先人たちとともに、「偉大なるロシア」を信奉してきた。

これまで、プチン大統領は石油と天然ガスによる高収入のおかげで、国民の高い人気を博してきた。

プチン大統領のもとで、ロシア国民の生活水準が、着実に高まった。強権を用いて言論を統制して、国民を教育して従わせてきたことも、力があった。

だが、プチン大統領の命脈も尽きようとしている。

二〇一四年六月から、プチン体制を支えてきた、原油価格の暴落が始まった。

私は二〇一五年が明けた時に、「もし、原油価格が、プチン大統領の年齢を下回ることになったら、プチン時代の終わりが始まることとなる」と、予想した。

二〇一五年に、プチン大統領は六十三歳の誕生日を迎えることになっていた。

前年はじめに百ドルを超えていた原油価格が急落して、六十三ドルを大きく割ってしまった。

原油価格は二〇一六年に入ると、すぐに二十ドル台まで落ちた。十八ヶ月前まで百十ドルだったのが、二十七ドルまで、七十五％も急落した。

もっとも、原油価格の下落は、日本をはじめとする大口の消費国にとっては、朗報だ。産油国から消費国への贈り物だ。ガソリン価格から電気料金まで下がって、経常黒字や、GDP（国民総生産）を押し上げてくれる。

プチン大統領のロシアは、習主席の中国と同じように、ルーブルの大幅下落、資金の国外大量流出、高い失業率、株価の暴落、腐敗の蔓延《まんえん》によって、体制の土台が、いっそう蝕《むしば》まれるようになっている。

それにもかかわらず、習主席の中国と同じように軍事予算を増して、軍事力の強化に力を注いでいる。

プチン大統領は、中国が南シナ海において岩礁を埋め立てて、人工島の建設を強行しているのと同じように、隣国のウクライナからクリミア半島を奪い取り、ウクライナ東部に軍を入れて、親ロシア勢力のもとに置こうとしている。さらに、シリアに軍事介入した。

習主席と変わらない、むきだしのままの力の信奉者だ。

中国とロシアは、歴史を通じて覇権国家であってきた、自分のものは自分のもの、他人のものも自分のものと見なしている。

プチン大統領は、アメリカがＮＡＴＯ（北大西洋条約機構）のヨーロッパ諸国とともに、ロシアの存立を脅かしているといって、アメリカをロシアの最大の敵として見立てて、国民を煽ってきた。

それでも、プチンは抜け目ない、狡猾《こうかつ》な戦略家だ。

だが、金《かね》の切れ目が縁の切れ目というように、行く手が暗い。

ロシアは原油の高価格時代に、巨額の資金を貯めて、「国家基本基金」と呼んできた。原油価格が暴落し始めると、この基金を取り崩してきたが、年末には枯渇してしまうだろうと、いわれている。

習近平は北京の天安門広場に面する中南海に、プチンはモスクワの中心にあるクレムリン宮殿に住んでいる。

だが、中南海の主人公と、クレムリンの主人公が、手を固く結ぶことはありえない。

習近平とプチンは、ともによろめいているが、そう望んだとしても、歩調を合わせることができない。

　対米戦略が、噛み合わないのだ。ロシアがアメリカを公然と敵呼ばわりにしているのに対して、中国は経済がアメリカ市場に依存していることもあって、できるだけアメリカを刺激することをせずに、アメリカと正面から対決することを避けて、何とか、籠絡《ろうらく》しようとしている。

第二章　中国といかに対峙すべきか

アジアの闇とアジアの光

日本と中国のどちらが、アジアの主《ぬし》になるか。

この戦いに勝ったほうが、アジアを制する。

中国は時間の問題で、崩壊するはずだ。中国はアジアの闇であり、日本はアジアの光である。

中国、北朝鮮、韓国が日本を妬《ねた》んで、ことあるごとに日本を罵《ののし》っているが、日本はこの三つの国さえ除けば、すべてのアジア諸国から親しまれ、信頼されている。

アジアの人々は、日本が先の大戦に敗れるまで、日本がアジアの希望の星だったことと、日本人が公正で、道義に厚いことを知っている。

日本と中国の文化は、まったく正反対だ。

中国人のなかに善良な人もいようが、中国人はアジアで愛されていない。

二〇一六年が明けるとすぐに、台湾において総統選挙が行われて、野党の台湾独立を志向する民進党の蔡英文《ツァイインウェン》候補が、圧勝した。台湾国民が中国寄りだった国民党政権に、屈辱的な敗北を強いたのも、中国に対する嫌悪感が表れたものだった。

国民党は総統選挙に敗れるとともに、民進党が一院制をとっている国会の立法院でも、過半数を占めた。

中国人は傲慢で自己中心だ。他のアジア人を見下している。

中国人は過去の華夷《かい》秩序の意識から、抜け出すことができない。中国が世界の中心であると思って、周囲の民族を野蛮人とみなして、蔑《さげす》んできた。

それに対して、日本人は和を尊んで、人種差別を行うことがない。日本人とは仲間になれる。日本は礼の国だ。

アジアの諸国民は中国が長い歴史を通じて、周辺の国々を侵略してきたことを忘れない。

日本人は何よりも、和を重んじている。中国人は、自分中心だ。

日本と中国の戦いは、日本人らしさと、中国人らしさとの戦いだ。

日本人は、中国人と対照的に心遣《こころや》りがあり、規律が正しく、公衆道徳をわきまえている。

多くのアジア人が、日本のやさしい心の文化に魅せられている。

日本は世界のなかで、もっとも洗練された心の文化を持っている。ところが、中国がアジアの人々を引きつけるものといったら、経済力しかない。

中国から出て、アジアに散った華僑は、アジアに十数世代にわたって住んでも、現地人を差別して、現地に融け込むことがなく、自分たちの閉鎖社会をつくってきた。

中国や、韓国は、アジアへ向かって未来を示すことが、まったくできない。

そのために、中国と韓国は日本が戦時中に働いたという悪行を捏造《ねつぞう》して、日本を貶《おとし》めることに、躍起になっている。嘘をつくほかに、日本に勝つことができない。

中国人も、台湾人も、韓国人を蔑《さげす》んで、嫌っている。韓国人は東南アジアでも、好かれていない。

中国が崩壊すれば、どのアジア諸国も、日本に強い好意を寄せているから、アジアに日本の時代がおとずれることになる。

日本の輝かしい時代が、到来することになるだろうか。

中国が内部崩壊の危機によって迫られた時に、尖閣諸島に襲いかかる可能性が高い。

その時に、アメリカが日本を救ってくれるだろうか。

これまで、日本は国防を疎《おろそ》かにして、アメリカの膝《ひざ》で眠り続けてきたために、日本だけで尖閣諸島を守る力すら、いまだに持っていない。

その時には、日米同盟関係が試されることになる。日本の行く手は、不安がいっぱいなのだ。

誰が、次のアメリカの大統領となるだろうか。これからアメリカの世論が、どのように動くだろうか。

インドにとっての中国は宿敵

私は一九八〇年代に、インドへしばしば通った。

私は日本がインドと結んで、中国に対抗するべきだと考えていた。日本とインドの絆《きずな》を強めるために、インドを頻繁に訪れて、多くの政府や、軍の要路にある友人をつくった。

第二次世界大戦が終わって、日本は独立を回復してから、アメリカの軍事保護という繭《まゆ》のなかで、惰眠《だみん》を貪《むさぼ》ってきた。

そのために、日本はごく最近になるまで、戦略的な思考を行うことが、まったくなかった。インドと手を結ぼうという、発想がなかった。

私はインド国防省に招かれて、統合幕僚長以下の軍幹部を前にして、中国について講演した。

私は鄧小平が登場する前の華国鋒時代から、人民解放軍によってしばしば招かれて、意見交換を行っていた。

インドは毛沢東と周恩来の中国が「平和五原則」を掲げていたのによって、一九六二年に油断していたところを騙《だま》され、奇襲されて、面積にして九州よりも大きなラダク地方を、奪われている。

インドは、この怨みを忘れない。今日でも、インドにとって中国は、宿敵である。

アジア諸国との絆を深める

私は中国は「商人の国」であるから、自分よりも強い者と戦うことは、しないといった。中国人は非道で、残虐きわまりないものの、何よりも打算に長《た》けており、計算高い。

中国は当時から、尖閣諸島が固有の領土だと、主張していた。そのかたわら、フィリピン、ベトナム、マレーシア、インドネシア、ブルネイ、インドの六ヶ国と領土紛争を起していたか、海洋権益を犯していた。

私は中国を恐れることはないと、説いた。これらの六つの国の人口を足すと、中国より大きく、GDP(国内総生産)を合わせれば、経済規模でも中国を上回るから、中国の野望を封じ込めるために、海洋同盟をつくって対抗すれば、中国を抑え込むことができると、述べた。

いまでも、状況は変わっていない。その後、ヒマラヤの王国のブータンも、中国によって脅かされるようになっている。

いま、これらの諸国に、アメリカ、オーストラリア、ニュージーランドが加わって、手を携えて中国を囲むようになっている。

しかし、もし、中国に対抗する諸国の意志力と、結束が乱れるようになれば、「中華帝国の復興」の夢が、結ぶことになりかねない。

日本はアジアの平和を創出するために、独立国として自立心を強め、アジア諸国との絆を強めるとともに、アメリカを日本とアジアに引き寄せておくように、努めなければならない。

中国からみて、中国を囲む鎖《くさり》のなかでもっとも脆《もろ》い環《わ》が、台湾と日本となっている。

日本と台湾のあいだには、国交が存在していない。

日本は台湾を国家として、認めていない。台湾はそれにもかかわらず、日本にとってアメリカさえ除けば、もっとも重要な国である。

中国が台湾を呑み込んでしまうことがあれば、日本はその瞬間から、独立を維持できなくなってしまう。日台は運命共同体であって、一蓮托生《いちれんたくしょう》の関係によって結ばれている。

中国は台湾に対して、いつでも武力を行使する用意があると、言明してきた。「反国家分裂法」を制定して、もし、台湾が独立する意志を表した場合には、武力をもって阻止するといって、威嚇《いかく》してきた。

アメリカは日本より七年遅れて、一九七九年に米中の国交を正常化したが、同時に連邦議会が台湾関係法《タイワン・アクト》を立法して、政権に台湾に対して防衛兵器を供給することと、台湾が中国から侵攻されることがあった場合に、台湾を守ることを義務づけた。

だが、今後、そのような事態が発生した時に、アメリカが台湾を守るために、軍事介入するだろうか?

クリミア地方の併合

二〇一四年にプチン大統領のロシアが、ウクライナのクリミア地方に、部隊徽章《きしょう》と階級章を外したロシア正規軍を闖入《ちんにゅう》させて、ロシアに併合したことを、宣言した。

それまで、平和に安じていたヨーロッパが、風雲急を告げるようになった。

ところが、アメリカも、NATO(北大西洋条約機構)のヨーロッパ諸国も臆して、ウクライナを守るために、軍事介入することがなかった。

ロシアの暴挙を声高く非難して、経済制裁措置を講じたものの、ロシアと話し合うことを選んだ。

ロシアは、クリミアを呑み込んだだけでは、満足しなかった。

ウクライナ東部を、親ロシア勢力のもとに置くために、正規軍を親ロシア勢力の民兵を装って派兵して、ウクライナ軍と激戦が続いた。

NATO軍がロシアに対する合同演習を行うかたわら、ロシア軍の侵攻に備えて、NATOに加盟しているバルト海沿岸の小国のエストニア、ラトビア、リトアニアの三国や、東ヨーロッパ諸国に、NATO軍を配備した。

アメリカとヨーロッパ諸国が、ロシアに強い圧力を加えて、二〇一五年にウクライナ東部で停戦が成立した。

二〇一五年に、ロシアがシリアに軍事介入したために、関心がウクライナから、中東に移った。

ＩＳは空爆でどうなるのか

プチン大統領が九月に、シリアに軍事介入して、オバマ政権を出し抜いた。

その翌々月、イスラム国（ＩＳ）によるテロが、パリを襲った。

アメリカにおいて、オバマ大統領の支持率が、さらに落ちた。

オバマ大統領が、ISがパリにテロ攻撃を加えた直前に、「じきに、ISは平定されよう」と、テレビで語ったことも、減点となった。

私はISが空爆によって弱まって、力の絶頂を過ぎたと思う。二〇一五年十一月に、ISが支配していたシリア北部のコバニと、クルド人部隊がイラクのシンジャを奪い、翌月、イラク政府軍が要衝のラマディを、奪還した。

クルド民族は千五百万人にのぼるが、居住地がトルコ、イラン、イラクにまたがっており、独立することを強く望んできた。イラクが解体してから、イラクのなかに、自治州をつくっている。

ISは戦況が不利になれば、アメリカ、ヨーロッパ、アジアにおけるテロ攻撃に、いっそう力を注ごう。日本も隙《すき》があれば、標的になろう。

もっとも、アメリカはこれまで二万人のISの戦闘員を殺したと発表しているが、その半分以上が、巻き添えになった住民ではないだろうか。

ロシアの空軍機が加わってISを攻撃し、フランスのオランド大統領がパリの事件後に復讐心に燃えて、ISに対する攻撃を強化したから、オバマ大統領が予見したように、I

Sが崩壊することになるかもしれない。

ISは資金源として、占領したイラクとシリアの油田から得る石油の密輸出に、頼っている。

二〇一五年十一月に入ってから、中東を担当するアメリカ中央軍司令部が空からの攻撃によって、ISの百十六台の石油タンカー車を、ロシア国防省がロシア空軍がISの石油タンカー車を、一千台破壊したと発表した。

この数字がどこまで信じられるか、分からないが、ISの手持ちの石油タンカー車には限りがあるはずだ。

でも、ISを撃滅するのに成功したとして、どうなることだろうか?

ISの占拠地域はイギリスの面積よりも大きい。もっとも、その大部分が不毛の砂漠だ。自称「イスラム国」を率いる、アブ・バクル・アル・バグダディは預言者《マハディ》であり、イスラム世界の最高権力者カリフを称しているが、ISは国としての体裁をとっており、占拠地域に住む八百万人から、一千万人あまりと推定される住民を統治している。

税金を徴収し、学校や病院もある。農業も営んでいる。住民を抱えていることは、人間の盾として役立つ。三万人の戦闘員を擁するとみられる。

ISは『コーラン』の教えに従って、全世界をイスラム化しようとしている。レーニンから、スターリンのソ連、毛沢東の中国が、世界を共産化、あるいは毛沢東主義のもとに置こうとしたのと同じ、救世信仰にもとづく革命国家である。

ISが占拠地域を失うことがあっても、その脅威は続こう。過激なイスラム原理主義はイデオロギーだ。

いくら、イデオロギーに空爆を加えてみても、イデオロギーは消滅しない。アル・カイーダは、はじめからISと違って、占拠地域を持とうとしなかった。

イラクとシリアを舞台にした抗争

だが、ISを一掃したあとは、どうなるだろうか。ISを滅《ほろ》ぼすのに成功しても、イラクとシリアがもとに戻ることは、ありえない。

イラクとシリアは、第一次世界大戦までオスマン・トルコ帝国の領土だったのを、戦勝国のイギリスとフランスが切り取ってつくった人工国家だ。この時に英仏が引いた国境線は、いまや過去の遺物となっている。

いま、イラクとシリアを舞台とする抗争は、複雑をきわめている。

アメリカ、英仏などの西欧諸国、トルコにサウジアラビアをはじめとするアラビア半島のスンニー派産油王国が、〝国境なき爆撃団〟である有志連合を組んで、イラク政府と、スンニー派による反アサド武装勢力を援《たす》けている。

それに対して、ロシア、イラン、レバノンのシーア派民兵ヒズボラが、シーア派によるイラク政府と、アサド政権を支援している。

アサド政権はシーア派のなかの傍系のアラウィ派だが、イスラムとして珍しく酒を飲むし、死後の転生を信じている。

イランの僧侶《ムラー》政権の精兵である革命防衛隊が、シリアとイラクに入って、地上戦闘に参加している。

イランの野望は、スンニー派、シーア派、キリスト教徒が雑居するレバノンと、シリアのダマスカスと、イエメンのサヌアを支配下に置くことだ。

ロシア、イランが、アメリカが支えるイラク政府を援けて、状況を複雑にしている。

ロシアはシリアの地中海沿岸に、冷戦時代から海軍基地をもってきた。

アメリカはシーア派であるイラク政府のアバーディ政権に巨額の援助を与え、武器を供与している。

イランは中東唯一つの、シーア派の大国だ。イラクはイランさえ除けば、中東でシーア派がもっとも多数を占めている。そのためにイランも、イラクのアバーディ政権を支えている。

クルド族はオスマン・トルコ帝国が解体して以来、分離独立を求めてきた。クルド族はアメリカによって援けられて、ISと戦っている。トルコは国内のクルド族を、攻撃してきた。

ISはスンニー派だが、どの国も狂信的なISを恐れて、叩き潰そうとしている。

ISがいなくなっても、その空白を埋めてスンニー派対シーア派、アメリカ、西ヨーロッパ諸国、トルコ、アラビア半島諸国に対して、イラン、ロシアとの抗争が続こう。

イスラム原理主義を信奉するテロリストとの戦いは、麻薬や、癌、交通事故に対する戦いと同じように、終わることがない。

ISは内戦状態に陥ったリビアにおいて、支配地域を拡げている。ISはリビア中部の沿岸に幅二百五十キロにわたる地域を占領して、五千人から六千五百人にのぼる戦闘員を擁しているといわれる。

平和は、まだ遠い。ISや、イスラム過激派によるテロとの戦いは、モグラ叩きだ。

「エイジアン・ピボット」戦略の誤算

オバマ大統領は二〇一二年に、アメリカ軍をアフガニスタンと、イラクから公約通りに完全に撤収させるのを前にして、アメリカの海事力の六〇%をアジアへ再配置する、「エイジアン・ピボット」戦略を発表した。

「ピボット」は「軸足」である。アメリカが軍事力の軸足《ピボット》を、アジア太平洋へ移すはずだった。その時、ワシントンは中東が安定を取り戻したと信じ、ヨーロッパは平穏だった。

ところが、ロシア軍がウクライナに乱入し、中東で収拾がつかない混乱がひろがった。「エイジアン・ピボット」戦略は、絵に描いた餅になった。そのために、「エイジアン・ピボット」計画は、今日までまったく進んでいない。

オバマ大統領は二〇一五年一月に、恒例の年頭教書演説を議会に臨んで行って、イラクとアフガニスタンの二つの戦争を終わらせたといって、自画自賛した。このような大統領が、アメリカの舵を取っている。

ヨーロッパと中東の情勢は、日本の安全と一体のものとなって、繋《つな》がっている。

アメリカは伝統的にヨーロッパと、キリスト教が生まれた中東を、優先してきた。

もし、日本や、台湾に危機が迫った時に、ヨーロッパか、中東の状況が緊迫すれば、アメリカ軍が来援することを、期待することができない。

安保法制が「戦争法」なら中国は「戦争国家」

日本では、ロシアがクリミアに乱入し、中東がＩＳによって揺さぶられていたあいだに、安保関連法案をめぐって、愚者の楽園のような光景が、繰りひろげられていた。

私は安保法制の審議が続いていたあいだ、国会のまわりを訪れるたびに、反対派の人々の幟《のぼり》やプラカードを見て、痴呆《ちほう》症を病んでいるにちがいないと思って、暗然とした。

「日本は戦争をしないと誓った国」「戦争反対」「戦争はゴメンだ！」といった幟やプラカードが揺れていたが、反対派は行くべき場所を、勘違いしていた。

国会ではなく、麻布の中国大使館の前で、気勢をあげるべきだった。

中国の習近平主席は、「五千年の偉大な中華文明の復興」を「中国の夢」として煽って、しばしば公的な場において、「戦争の準備を進めよ」と、命じている。

アジアのなかで習主席の中国と、金正恩第一書記の北朝鮮の二つの国だけが、「戦争準備を進めよ」と絶叫している。

その翌年の二〇一六年三月に、北京で第十八回全国人民代表大会が開催されたが、国営通信社である新華社が、「強軍興軍《チャンチンチンチン》」「強軍路線《チャンチンロシェ》」「戦争を恐れない」「戦争に勝つ」という、スローガンを発表した。

民主党をはじめ反対する人々は、安保法制を「戦争法」と呼んで、自己満足に浸っていたが、それなら、どうして中国を「戦争国家」と呼ばないのか。

民主党の岡田克也党首が「集団的自衛権は必要ない」と、言い切った。だが、アメリカの手を借りて、国を守るということ自体が、集団的自衛権の恩恵を蒙っている。

それとも、まだアメリカの対日占領が続いていると、思っているのだろうか。

中国の発表によっても、毎年、国防支出を世界のどの国よりも、大きく増している。いったい、日本政府と中国政府のどちらが、戦争熱に憑《つ》かれているのだろうか。

もし百六十三年前に、ペリーが黒船を率いて江戸湾にやってきた時に、浦賀の海岸に「日本は戦争をしないと誓った国」という幟を立てて迎えたとしたら、アメリカによってたちまち侵略されて、後にアメリカがフィリピンを奪った時のように、数百万人の日本国民が、虐殺されていただろう。

百二十一年前の日清戦争、百十一年前の日露戦争に当たって、「戦争反対」といっていたとしたら、日本が中国のチベット、ウイグルになったか、ロシアの支配を受けていたはずだ。

反対を叫ぶ男女は怠惰で、今という刹那《せつな》だけにしか生きていなかった。日本の幕末から明治にかけた苦難の歴史を、まったく学んでいないのだ。

護憲が平和を守ったか

日本に、〝平和憲法〟という〝呪《まじな》い札〟があるからといって、弱肉強食の世界のありかたが、ちょっとでも変わるわけはない。

平和さえ願っていれば、平和がもたらされると信じているのであれば、祈禱《きとう》師の集団でしかない。インチキ祈祷師が、しばしば良民を騙《だま》して逮捕されるが、護憲を叫ぶ人々はそのようなニュースや、記事を見たことがないのだろうか。

〝平和憲法〟は、平和をもたらしてくれない。そんなに〝第九条〟がすばらしいものなら、中国の脅威を切実に蒙っているインドから、フィリピンまでの諸国が、競って改憲して、〝第九条〟を採用していたにちがいない。

もし、ウクライナ憲法に〝第九条〟があったとしても、ロシアが白昼、クリミア半島を奪い取るのを阻止できなかったはずだ。

東西冷戦が終わってから、一九九四年にアメリカとイギリスは、ロシアとともに、万一、ウクライナが侵略されたら、軍事的に守ることを保証する合意文書を交わしていた。

ところが、アメリカもイギリスも、ロシアが公然とウクライナに対して侵略行為を働いたというのに、腰が引けて動かなかった。

二〇十五年八月三十日の日曜日に、安保法制に反対する三万二千人(警視庁発表)の人々が、国会の前に集まって気勢をあげた。

そのなかに、女子大生グループという娘が臍《へそ》を丸出しにして、「WAR IS OVER・IF YOU WANT IT」という英語のプラカードを、掲げていた。

女子学生がいた場所が、国会前でよかった。もし米軍基地の前だったら、アメリカ兵たちが太股と臍を丸出しにした日本娘の訪問を、奇声を発して喜ぶだろうが、「WAR IS OVER」という言葉を見て、基地を閉めて、さっさとアメリカへ帰ってしまうことだろう。

それとも、反対派の男女は、日本国民だけにとって戦争が無縁なものになったが、アメリカ兵に日本を守るために、生命を危険にさらすリスクを負って、駐留を続けてほしいと思っていたのだろうか。

国会前の男女は、日本が六十四年前に独立を回復して以来、崇高な「平和憲法」があるから、平和を謳歌してきたのだと誇っていた。

商人の国となった日本における武士とは

だが、この平和は「ヘイワ念仏」を唱えてきた御利益《ごりやく》でも、賜物《たまもの》でもなく、アメリカによる軍事保護のおかげ以外の何ものでもない。

日本が降伏した翌年に、アメリカ占領軍が「日本国憲法」を押しつけたが、四年後に朝鮮戦争が始まった。

マッカーサー元帥は〝即席憲法〟によって日本を完全に非武装にしたのが、大失敗だったと臍《ほぞ》を噛んで、日本政府に警察予備隊を創設して武装するように、命じた。

日本は独立回復後も、日米安保条約によってアメリカの軍事保護下に安住するうちに、〝ヘイワボケ〟ではなく、保護ボケを患うようになった。だが、他人の施しにすがって、安逸な生活を貪《むさぼ》っている者が、贅沢を見せびらかしているのは、恥ずかしい。

戦後七十年、アメリカは体力が衰えて、日本を守るのに、日本の助けを求めている。戦後の日本は武を忘れて、全員が商人の国となった。

幕末に、長崎海軍伝習所で教官をつとめた、オランダ士官のファン・カッテンディーケが回想録のなかで、ある長崎の商人に「オランダ兵が四十人もいれば、長崎を占領できる」というと、「それは、お侍さんの仕事です。私にはかかわりがありません」と答えたのに、驚いている。きっと、今日の日本にとって、アメリカが武士なのだろう。

アメリカ軍はドイツに百七十四、日本に百十三、韓国に八十三など、外国に七百以上の基地を展開しているが、財政再建のために国内外の基地に大鉈《おおなた》を振るって、数を減らしつつある。

連邦議会議員のなかには、在韓米軍と沖縄の海兵隊を引き揚げるべきだと、主張している者もいる。

ワシントンでは、日米安保条約によってアメリカは日本を守るが、日本はアメリカを守らないから、不公平だという声もあがっている。

十一月のアメリカ大統領選挙へ向けて、共和党のドナルド・トランプ候補が高い支持を集めて、注目を浴びているが、アメリカが日本を一方的に守る保護条約である日米安保条約を、米韓相互防衛条約や、米比（フィリピン）相互防衛条約と同じ、対等な義務を負う攻守同盟に改めるべきだと、主張している。

トランプは放言癖がある候補者のようにいわれているが、〝本音〟を話すから、人気がある。元国防情報局（DIA）局長をはじめとする、優秀なブレインがついている。

アメリカの同盟国のなかでは、人口四十万人のルクセンブルグをはじめとして、日本を除くすべての国が、対等な共同防衛条約を結んでいる。日米安保条約だけが、例外となっている。

私は岡田党首の民主党が、安保法制に反対して配っているビラを読んで、肝を冷した。

「日本が直接攻撃を受けていなくても、地球の裏側まで行って、他国の行う戦争に参加しなければ、日本の平和は守れないのでしょうか」というのだ。

アメリカは日本の「同盟国」であって、まさか、「他国」ではあるまい。これでは公党の資格がない。

アメリカという〝アコーデオン〟が、綻びつつある。私たちはアメリカ軍を努力して、日本に繋ぎとめておかねばならない。

国防に「歯止めをかける」!?

国を人体にたとえれば、国外から蒙っている脅威は、疫病と同じものだ。

杉田玄白といえば、江戸時代後期の蘭方医学の先駆者で、『解体新書』と『蘭学事始』によって有名だが、著作『形影夜話』（一八〇三年）のなかで、医が兵法とまったく変わらないと、論じている。

玄白は「孫呉（孫子、呉子）の兵法を知らざれば軍理は立たぬ。医も形体《かたち》詳《つまびらか》ならざれば、医理は立たざる事と知らる」と戒めて、医術も、その時々に変わる状況の形体《かたち》に合わせて、柔軟に兵略を立てるのと同じことだといって、医術と兵法の共通点をとりあげて、詳述している。

玄白の時代から、世界のありかたも、病いを恐れるのも、変わっていないはずだ。

いま、私たちはアメリカの意志力が衰えているなかで、中国の切実な脅威を蒙っている。疫病が日本の岸まで、迫っている。安保関連法案は、杉田玄白が説いたように、防疫体制を強化するものだ。

国会では安保法制をめぐって、不甲斐無《ふがいな》い論戦がたたかわれていた。不甲斐ないはいくじがない、気概、気力に欠けているという意味だ。

民主党や、維新の党などの野党はまだしも、連立与党であるはずの公明党までが、日本の防衛を強化しようという熱意を欠いて、国防に当たる自衛隊の活動に「歯止めをかけなければならない」と、力み返っていたが、どうしたことかと、思った。

戦後七十年にわたって、アメリカによる軍事保護を天与のものだと錯覚して、思考能力が損われるようになったのだろう。

公明党も国語能力とともに、思考能力が低下してしまっている。しっかりしてほしい。「歯止めをかける」という時には、相手の行き過ぎた行動を、とどめようとして用いられる。

夫が酒や、女に溺れているのに対して、妻が夫の遊蕩《ゆうとう》に「歯止め」をかけようとするのなら分かるが、夫が自分の行動に歯止めをかけるとはいわない。

国会は異常な軍備増強と領土の拡張に狂奔している中国に、どのようにしたら「歯止め」をかけることができるか、論じるべきではないか。

中国はかつての中華大帝国の覇権の復興を、呼号しているのだ。安保法制は中国の冒険主義に、歯止めを掛けようとするものだ。

高松宮殿下の日記

国会周辺で善男善女が「憲法第九条を守れ」というプラカードを持っていた。

憲法第九条さえあれば、日本の平和が守られると信じているのだろう。

私は七十年目の暑い八月が巡ってきたことから、当時の文献を読み返していたなかに、『高松宮日記』があった。

高松宮殿下が戦争の最後の八月に、日記にこう記された。

「如何《いか》ニシテ戦《たたかい》ニ勝ツカ　精神力ヲ以テ物量ヲ圧倒スト云フ　無形ノ精神力デ例《たと》ヘバ敵ノ戦車ヲ破壊シ得ルカ　今ノ戦況ハ押シマクラレテヰルデハナイカ今後如何《いか》ナル精神力ガ蔵サレテヰルカ　精神力ヲ物ノ如《ごと》ク扱フ考ヘ方デハ納得出来ヌ信念デ現実ノ力ニ対抗出来ルモノナラバ　兵器ハイラヌ筈《はず》デアラウナラヌガソレデ勝タントスルナリ」

日本国憲法の精神さえあれば、国を守ることができるというのでは、大戦末期の狂信的だった軍部と、まったく変わらない。

高松宮は、昭和天皇の四歳年下の弟君である。

私たちのすぐ隣に絶対独裁という危険ドラッグの常習者がいて、隙《すき》があれば日本に襲いかかろうとして、うかがっているのだ。

「平和憲法」という護符さえ身につけていれば、日本はまったく心配ないという者は、有名なイギリスの科学空想小説作家のH・G・ウエルズの言葉を読むべきだ。

「かつて恐竜は地上の支配者だったが、地球を襲った氷河時代によって草木や森林が枯れ、草食動物だったから、巨大な体を支えることができず、餓死していった。

恐竜にとって温かく降りそそぐ陽光と、草木が茂る豊かな大地が、永久に続くものとみえた。そして、快楽な生活を送っていた。彼らには聴こえなかったが、その背後では宇宙の不可思議な力が旋律を奏でていた。

そして、永久に変わらないと思われた安定が、崩れる日がきた。ほどなくして、彼らは絶滅した」

安保法制について新聞の世論調査をみると、読売から、朝日、毎日、日経まで「反対」が五〇から六〇％以上だった。「支持」が二〇から三〇％で、産経だけが五八％だった。

安倍内閣の支持率も、安保法制騒ぎが続いていたあいだ、「不支持」が五〇％を上回っていた。

日本国民がアメリカに守ってもらえばよいと錯覚して、国家にとって何より大事な防衛問題について、関心がいかに薄いか、示していた。世界のなかで日本ほどアメリカを信頼している国は、他にない。

高齢化する自衛隊

だが、いくら安保法制を整備しても、肝心の自衛隊が頼りにならなかったら、空騒ぎしていることになる。

政治家も、国民も自衛隊の実態に目を向けることがない。

まず自衛隊は、あまりにも高齢化している。陸海空三自衛隊の平均年齢が三十五歳、幹部が四十二歳だ。幹部は将校のことだが、軍を自衛隊と呼んでいるのと同じことだ。

軍隊の精強度は平均年齢で測られる。韓国軍、台湾軍、アメリカ陸軍、海兵隊の平均年齢は、二十三、四歳だ。

自衛隊は優秀な隊員が多いものの、残念だが頼りにならないと思う。

安保法制騒ぎから十三年前に、イラクに陸上自衛隊が派遣された。テレビを見るたびに、目を凝《こ》らしたが、中年男性ばかりだった。

陸軍ならば、重い装備をもって、戦場を駆けまわらなければならない。

「携帯円匙《えんび》」（シャベル）を使って、「個人用掩体《えんたい》」（タコツボ）を掘らなければならないが、一人用の掩体を伏せた姿勢で掘るのに、地質が軟らかくても、一時間半はかかる。

普通科（歩兵のこと）中隊は二百三十人ほどだが、尉官の定年が五十四歳なので、定年前の一尉（大尉）の中隊長が多い。

若者が自衛隊に魅力を感じないのは、なぜだろうか。

どの国でも、軍人は名誉ある仕事であるのに、日本ではそうではない。それに自衛隊は、警察官、消防官より手当が少なく、待遇に大きな差がある。

陸上自衛隊の予備自衛官は、僅か四万五千人だ。四万五千人では、有事に当たって、まったく足りない。

海上自衛隊の予備自衛官が千百人、航空自衛隊が八百人だ。そのうえ、予備自衛官は高齢化がもっと進んでいる。

大多数の予備自衛官は、士気が低い。予備自衛官制度が生まれてから、東日本大震災の時にはじめて召集をかけたが、高齢化が進んでいることもあって、一割しか応じなかった。

アメリカも志願制度だが、除隊後は義務として予備役に編入される。世界の志願制をとっているほとんどの国で、同じことだ。

安保法制が審議されていたあいだ、ゴールデン・ウィーク中に、大手テレビ局の番組を見ていた。

東京から出掛けた女性レポーターが広島県呉市のスーパーで、「あっ、奇妙な服を着た人たちが入ってきました」というので、目を凝らしたところ、水兵服を着た海上自衛隊員の一団だったので、魂消《たまげ》た。

呉は、海上自衛隊の主要な基地の一つだ。これが、日本海海戦から百十年目の五月の、日本の現実だった。日本を救った日本海海戦は、五月二十七日に戦われた。

私は若い女性レポーターの親の顔を、見たいものだと思った。

家庭でも、学校でも、日清戦争はもちろん、日露戦争について、子どもたちに教えることがまったくない。きっと女性レポーターの親も、腑抜けた顔をしているのだろう。腑抜けはいくじない、まぬけを意味している。

国民が防衛問題を疎《おろそ》かにして、日蔭に置いてきたために、自衛隊は欠陥が多すぎる。

天皇、皇后両陛下が、二〇一五（平成二十七）年四月にパラオに行幸啓された。

海上保安庁の巡視船に、お泊まりになられた。

このような場合に、諸外国であれば、元首は海軍の軍艦に泊まる。

私は外国の友人から、「天皇《エンペラー》は（日本の）海軍《ネイビー》を信用しないのか」と、たずねられた。

なぜ、海上自衛隊の護衛艦をお召艦とすることが、できなかったのか。

私はこの問いに、答えられる。陸海空自衛隊には「総理大臣旗」があるのに、「天皇旗」がない。どうして「総理大臣旗」があって、「天皇旗」があってはならないのだろうか。

日本が一九五一（昭和二十七）年に対日講和条約によって、いちおう独立を回復したにもかかわらず、いまだに精神的な独立を回復することが、できないのだ。

アメリカによる「保護呆け《ほごぼ》」によって冒《おか》された、多くの日本人が「平和憲法」を後生大事にしている。正しくいえば、「属国憲法」だ。

「軍」を「自衛隊」といっているのも、「属国」を「平和」といい換えてきたのも、同じ亡国根性によるものだ。

国防を他人事だとみなして、関心をいだかないのでは、国民の資格がない。みんなで、自衛隊に目を向けてほしい。

第三章　傲慢な中国は世界から孤立する

アメリカが中国に抱いた幻想

二〇一五年に、アメリカがそれまで中国に対して抱いていた好意や、期待感が、消えてしまった。

アメリカは、十九世紀に快速帆船ともいわれるクリッパー船が太平洋を渡って、中国との交易を始めてから、中国の〝巨大市場の夢〟に魅せられてきた。

そのうえ、中国はアメリカのキリスト教宣教師たちにとって、絶好の狩り場だった。

第二次世界大戦後に、国共内戦と朝鮮戦争があったために、中国はしばらくのあいだ、アメリカにおいて敵視されていたが、ニクソン大統領が一九七二年に中国を電撃的に訪問して、毛沢東と固い握手を交わして以来、中国に対する夢が甦《よみがえ》った。

オバマ政権のもとでも、中国の巨大市場に対する憧れは、変わらなかった。アメリカは中国に、どこからみても、靡《なび》いていた。

中国が、アメリカの著名な大学や、研究所や、マスコミを、中華料理の漬け物の搾菜《ザーサイ》のように、金《かね》漬けにしたこともあって、ワシントンでアジアといったら、米中関係によって支配されていた。

中国は巨額の資金を、世界で動かしていた。アメリカは何よりも金《かね》が好きな国柄だから、中国がもて囃《はや》された。日本はそのわきで、片隅に追いやられてしまって、影が薄かった。

ワシントンは、中国によって眩惑《げんわく》されていた。

アメリカの要路の人々も、学界も、マスコミも、中国が巨大化していって、日本が力を衰えさせてゆくと、信じていた。

十九世紀に戻ると、日本は中国と比べて鎖国をしていたうえに、アメリカの捕鯨船が日本の沿岸で鯨を乱獲していた他には、みるべき資源がなかったし、人口も少なかった。

それに加えて、日本が明治に開国した後に、キリスト教宣教師がいくら努力してみても、中国とちがって、イエス・キリストの救いを求めて、改宗する者がほとんどいなかった。日本人は、アメリカ人と同じように饒舌《じょうぜつ》な中国人と比べて、寡黙で何を考えているのか、分からなかった。日本は親しみにくい国だった。

中国は、アメリカ国民のロマンチックな幻想を、満たしてくれた。日本にはそのような魅力が、なかった。

冷めていく米中関係

私は二〇一五年六月末に、ワシントンに四泊した。

滞在中に、中国から楊潔篪《ヨウケッチ》国務委員（前外相）と、汪洋副首相に率いられて、四百人もの代表団が賑々《にぎにぎ》しく繰り込んで、二日にわたって国務省で「第七回米中戦略経済対話」が、開催された。

ところが、このあいだ、『ワシントン・ポスト』や、『ニューヨーク・タイムズ』をはじめ、現地のどの新聞も、米中協議について、一行すら報じることがなかった。

テレビも、まったく取り上げなかった。私は仕方がないので、三日にわたって、国務省のブログで内容を検索した。

東京に戻ると、日本の各紙が米中対話について、連日、紙面を大きく割いて報じていた。

中国側は米中が「特別な二つの大国関係《グループ・オブ・ツウ》（G2）」を構築して、太平洋を二分しようと求めたのを、アメリカ側が無視し、中国による南シナ海における人工島の建設、コンピューターハッキングによるサイバー攻撃に対して、強く抗議したのにかかわらず、蛙か、龍の面《つら》に水を掛けたのに、終わった。

アメリカで、中国の鍍金《めっき》が剥げてしまった。太平洋を挟んで向き合う二大国のあいだの協議だったというのに、まったく内容がなかった。

ワシントンは前年の十月ぶりだったが、中国が周辺諸国をいっそう露骨に脅かしているために、アメリカの中国に対する態度が、一変したのだった。

中国側は九月に予定されていた、習近平主席による訪米を控えて、アメリカをできるだけ刺激しないように、計算を働かせていた。

そういっても、訪米団の背広の下から、「中華帝国を復興」して、アメリカと広い太平洋を二分して、覇権を握ろうとする鎧《よろい》が、チラついていた。

アメリカは中国の脅威をようやく意識して、日本との同盟関係を重視するようになった。そのかたわら、それまで台湾はまったくお呼びでなかったのに、台湾の安全に久し振りに目を向けるようになった。

南シナ海の人工島は、中国から一千キロも離れている。

国家安全会議（ＮＳＣ）の親しい幹部と昼食をとったが、これらの人工島について、今後、軍事力を背景にして、中国と対決する方針を決定したといった。

オバマ政権の眼が、ようやくアジアへ向いたが、中国がオバマ政権を軽くみて、傍若無人に振る舞うのに加えて、安倍政権の日本が「積極的平和主義」を掲げて、アジア太平洋諸国の結束をはかって、アメリカを励ました成果が大きかった。

このあいだ、国会では民主、共産、社民党などが、安保法制をめぐって、日本を取り巻く現実にまったくそぐわない、空想的な議論を振り回していた。

私は民主党の岡田代表が「集団的自衛権は必要ない」「北朝鮮がアメリカへ向けてミサイルを発射した場合に、迎撃すべきでない」と述べたが、なぜ、「日本安保条約を破棄するべきだ」と、はっきりといわないのだろうかと、訝《いぶか》った。

オバマ政権が十月になって、重い腰をあげて、中国が埋め立てた、七つの岩礁の一つのスビ礁を選んで、中国が領海だと主張する十二海里（一海里は一八五二メートル）内を、イージス艦『ラッセン』に航行させた。

私はワシントンを訪れた四ヶ月前に、「政権が人工島の沖合に、アメリカ艦艇を航行させることを、ようやく決定した」と、告げられていたが、なかなか実行しなかったので、オバマ大統領は優柔不断なのだと思った。

ペンタゴン（国防省）は、人工島の十二海里以内を航行させる作戦を、「フリーダム・オブ・ナビゲーション・オペレーション」（FONOP・公海航行の自由作戦）と、呼んできた。

オバマ政権は、ペンタゴンがFONOPを実施するべきと主張したのに対して、国務省が強く抵抗したために、躊躇《ためら》っていた。

中国はこれらの岩礁が「漢時代からの固有の領土だ」と主張して、「主権を侵せば容赦しない」と、息巻いていた。

それにもかかわらず、『ラッセン』が航行すると、もとよりアメリカと交戦する勇気はなく、米中で話し合うことに応じた。

中国はオバマ政権を吠えるばかりで、噛まない犬だと見縊《みくび》っていたが、自分がそうなってしまった。

漢時代は前漢と後漢に分かれるが、紀元前二〇二年から二二〇年にわたった。

オバマ大統領は就任して以来、ブッシュ前政権がイラクで大失敗したのに懲りて、引き籠り症を患ったように、何ごとについても「リザベーション（自制）」を戒めとして、政権を縛ってきた。

政権の幹部の一人が、私に「オバマ政権の対外戦略は、外へ向かってそう宣言していないが、『ドクトリン・オブ・リザベーション』（自制ドクトリン）によって縛られている」と、いった。

オバマ政権によるシリア政策の失敗

そのオバマ大統領が、動いた。先に述べたように、米中関係がすでに冷え切っていた。十月の習近平主席の訪米も、まったく成果がないものだった。

その前月のことだったが、FONOP作戦が実施される直前に、プチン大統領が好機をとらえて、シリアに素早く軍事介入した。

これは、オバマ政権にとって不意討ちとなった。オバマ大統領は傍観するばかりで、面子を失った。

ロシアはイランと、アサド政権を支えてきたが、ソ連時代からシリアの地中海沿岸のラタキアに海軍基地を持ち、シリアを中東における、唯一つの盟邦としてきた。

ロシアから戦闘爆撃機、二千人規模の地上部隊、戦車などを送り込んで、イスラム国（IS）だけでなく、アメリカが支援する「自由シリア軍」に対する攻撃を始めた。

アメリカはヨーロッパ、トルコ、サウジアラビアをはじめとする湾岸産油諸国などと組んで、ISに空爆を加えているが、空からの攻撃だけではなかなか効果があがらない。「自由シリア軍」も、アメリカの期待にもかかわらず、振るわない。

そのうえで、プチン大統領はアメリカなどの諸国に対して、アサド政権も参加する和平会談を呼びかけた。シリア内戦を終結させて、平和を回復しようと、手を差し伸べた。

だが、アメリカははじめから「アサド政権打倒」を目標としてきたから、すぐに呑めるものではない。シリア政策が完全に失敗したことを、認めることになってしまう。

オバマ大統領が、虚仮《こけ》にされたのだった。

プチン大統領はウクライナからクリミアを奪って、侵略者と見られていたが、〝オリーブの枝を銜《くわ》えた鳩〟に変身した。

ヨーロッパは、シリアから奔流のように流入する、難民危機に苦しんでいる。シリアで和平が行われれば、難民が止まる。プチン大統領の恐しいイメージが、ヨーロッパの救世主に変わりつつある。

ヨーロッパの難民危機が、NATO諸国を分裂させるから、プチンは笑みを浮かべていることだろう。

オバマ大統領は「弱腰」という批判をかわすために、毅然たるところを示そうとして、イージス艦をスビ礁の〝領海内〟を、航行させた。

私はオバマ政権が『ラッセン』を、スビ礁の十二海里内に航行させた直後に、ワシントンに戻った。

政権の友人が、「年内にあと二回、FONOP作戦を実施する」と、耳打ちしてくれた。

ところが、オバマ政権は腰が引けて、年内にFONOP作戦を行わなかった。

年が明けて一月に、『ラッセン』と同じように、横須賀を母港とするイージス艦『カーティス・ウィルバー』に、中国が実効支配するトリトン島の〝領海内〟を航行させた。南シナ海を内海にしようとしている中国を牽制することを、はかったものだった。

トリトン島は西沙諸島の一つだが、フィリピンと、マレーシアの両国が領有権を主張している。中国はスビ礁の時と同じように、口先だけで反発した。

台湾国民が中国に突き付けた「ノー」

私は一月十六日に台湾の総統選挙で、民進党の蔡英文《ツァイインウェイ》候補が圧勝したことを、東京の自宅で、妻とテレビのニュースで知って、思わず台湾語で「加油《チャヨウ》！　台湾《タイワン》！」と、叫んだ。

「加油」は「頑張れ」だ。民進党は国会である立法院においても、単独多数を獲得し、かつて大陸から蔣介石に率いられて、台湾へ逃げ込んできた国民党は、議席数を半減した。

前日、愚妻が長年使いこんだ財布を、買い替えに出かけるというので、緑色を選ぶようにいった。緑色は国民党の青色に対して、民進党のシンボル・カラーである。

選挙の最大の争点は、台湾の人々が「中国人なのか、台湾人なのか」というものだった。台湾人は親中派だった馬英九政権を嫌って、台湾が中国によって取り込まれてしまうことを恐れて、拒んだのだった。

国民党の青色は、国民党軍が毛沢東の共産軍との内戦に敗れて、台湾海峡を渡って台湾を占領した時に翻《ひるがえ》していた、『青天白日旗』の色である。今日でも、歴史の大きな捩《ねじ》れによって、『青天白日旗』が台湾の国旗となっている。

馬英九総統は香港で生まれた中国人だが、台湾を中国にできるだけ近づけようとしていた。アメリカの大学に留学していたころから、日本に対して強い敵意をいだいていた。

日本の生存にとっては、台湾が友好的な政権のもとに置かれていることが、どうしても必要である。台湾のありかたに、日本の生き死にがかかっている。

中国は台湾が「中国の一部」だと主張して、もし、台湾が「中国から分離して独立」をはかった場合には、「武力を行使する」といって、恫喝《どうかつ》してきた。

しかし、台湾国民が総統選挙によって、中国に「ノー」を突き付けたことは、習近平政権の対外戦略に、手痛い齟齬《そご》をきたすものとなった。もともと「中国の夢」は妖夢《ようむ》であるが、「中国の夢」が夢のまた夢になりかねない。

南シナ海と東シナ海を中国の内海に

習近平国家主席は、「偉大なる五千年の中華文明の復興」を呼号して、アジアの覇権を握ることを目指して、アメリカに太平洋を米中の二大国によって二分する、「G2」体制を受け入れるように、提案してきた。

その戦略を実現するために、南シナ海で七つの岩礁を埋め立てる、大規模な建設工事を進めて、南シナ海を中国の内海《うちうみ》にしようと目論《もくろ》んできた。

北京の戦略は、南シナ海から東シナ海までを、〝中国の浴槽〟とすることだったのに、台湾に〝嫌中政権〟が登場したことによって、南シナ海から東シナ海までの線に、ポッカリと大きな穴があいてしまった。

中国は二〇一六年一月六日に、南シナ海のファイアリークロス岩礁を埋め立てた人工島に建設した巨大な滑走路に、二機の民間旅客機が試験飛行を行って着陸したことを、映像入りで賑々しく発表した。アメリカと、ベトナムが、抗議した。

私はワシントンの政権幹部から、「中国が人工島に戦闘機や、爆撃機を置いても、潮風に曝《さら》されて、すぐに腐食してしまう。地下に掩体《えんたい》や、ミサイル発射塔をつくったとしても、サンゴが堆積した岩礁だから、塩水が浸蝕して、役に立たない」といわれたのを、思い出した。何につけ、中国人は間が抜けているのだ。

中国は二〇一六年二月以後、南シナ海の人工島や、中国が実効支配し、東南アジア諸国が領有権を主張している島々に強力なレーダーを据えつけたり、地対地ミサイルを搬入《はんにゅう》して、軍事化を急いでいる。

習近平主席は二〇一五年九月に、オバマ大統領と首脳会談を行った後、両首脳が並んでホワイトハウスのローズガーデンで共同記者会見を行った時に、「中国は南シナ海の南沙諸島を軍事化することはない。国際法が保障する諸国の航行の自由を守る」と、言明した。オバマ政権は、中国が約束を破ったと、憤っている。

アメリカや、東南アジア諸国が非難しているが、アメリカで新政権が発足する前に、南シナ海を中国の〝南シナ湖〟に変えようとしているのだ。

もちろん、東シナ海も、中国の〝東シナ湖〟とすることを、企んでいる。

中国は一九九六年に、台湾の民主化が進んで、台湾ではじめて総統の民主的な直接選挙が行われた時に、演習と称して台湾海峡にミサイルを撃ち込んで、威嚇した。

台湾国民は中国が露骨な威嚇を加えたのにもかかわらず、李登輝総統を選出した。

李総統は、蔣介石総統の長男だった蔣経国総統が死去した後に、副総統から昇格した、はじめての台湾人の首長だったが、「台湾の台湾化」を積極的に進めていた。

当時、アメリカはクリントン政権のもとにあったが、台湾海峡に二隻の航空母艦を入れて、中国が台湾に攻撃を加えることがあれば、戦うことを辞さない決意を示した。一隻が日本から、もう一隻が、中東から台湾海峡へ急行した。中国は振りあげた拳《こぶし》を、降ろした。

中国は今回の台湾の総統選挙に当たって、武力を用いて恫喝しなかった。台湾国民に台湾経済が中国に依存していることを、思い知らせるために、大陸を訪れる台湾人観光客の流れを、一時、止めただけだった。

台湾は中国の一部ではない

習国家主席は、蔡英文女史が圧勝したのに、「中国の夢」がしぼむ思いがしたにちがいない。新年が明けて、上海市場が大暴落を演じたのに合わせて、台湾が前途に立ちはだかるようになった。

台湾は地理的にも、中国の一部ではない。インドネシアのボルネオ島、フィリピンから日本列島まで、点々と連なる島々の列に属している。

台湾人は、漢族ではない。歴史的にも、ポルトガル、スペイン、明や清や、日本が、それぞれ台湾を一時的に支配したことがあるだけで、中国の一部だということはできない。

かつて台湾海峡の対岸から台湾海峡を渡ってきた人々は、漢族から漢字で虫偏や、獣偏をつけて呼ばれた種族だった。

漢民族は中国大陸の沿岸の諸民族を、夷狄《いてき》（野蛮人）として見下して、虫偏や、獣偏がついた名をつけた。東南アジアの沿岸に住むベトナムなどの人々と、同じ種族である。

今日、中国はチベット人、モンゴル人、ウイグル人をはじめとする、すべての〝少数民族〟が、「中華民族《ヂョンファミンズ》」であると呼んでいるが、政治的な概念でしかない。漢族が中華民族の上に立つ、「老大《ラオタ》」だと称しているが、「老」は尊敬すべきという敬称だ。

台湾人と中国人は文化的にも、大きく隔たっている。

台湾人は中国人が無教養で、貪欲で、不潔なことから、台湾語で「猪《ティ》」（豚）とか、「死阿陸《シーアラア》」（死んでしまえ）と呼んでいる。

韓国人ですら、歴史を通じて、中国人が不潔なことから、今日でも陰で「垢野郎《テンノム》」と呼んでいる。

アメリカは、台湾が中華人民共和国の一部だとは、認めていない。

だが、中国を恐れて、台湾が「中華民国」という国号を変えたり、台湾として独立することに、反対している。その場合には、台湾を防衛しないといって、台湾を脅《おど》している。

蔡政権のもとで、台湾は現行の国名と『青天白日旗』で、我慢し続けねばならない。

台湾は、何と、気の毒な国家だろうか。台湾の二千三百万人の人口は、ベルギー、ポルトガルの千五十万人、スウェーデンの九百万人、スイスの八百二十万人、フィンランドの五百二十万人よりも、大きなものだ。

台湾はどのような尺度をあてはめても、立派な独立国家だ。それなのに、台湾は世界のどの主要国からも、独立国として承認されておらず、国連や、多くの国際機関に加盟することができないでいる。

蔡英文女史は、台湾独立派の闘士であってきた。だが、これからも慎重に、「台湾独立」を口にしまい、蔡女史は勝利演説のなかで、台湾が「国際法を守る国である」と、繰り返して述べた。そういうことによって、中国とまったく別個な国家であることを、強調した。

中国は台湾と違って民主主義国でも、国際法を守る国でもない。

一九七二（昭和四十七）年に、田中角栄内閣が「日中友好」を叫ぶ、熱病に浮かされたとしかいえない世論によって、押し流されて、日中国交正常化を行った時に、私は日本は米中国交樹立を待って、日中国交を結ぶべきだと、反対した。

性急な日中国交正常化によって、日本の国益が大きく損なわれた。

私は二十代から、雑誌に執筆してきた。月刊『文藝春秋』に、評論家の肩書を貰ってはじめて寄稿したのが、二十七歳だった。

私は中国文化が、孔子が生きていた春秋時代（紀元前七七〇年から紀元前四〇三年）から、日本とまったく正反対のものであって、邪《よこしま》なものだといって、中国に心を許してはならないと、論じた。（ぜひ、拙著『中国人韓国人にはなぜ「心」がないのか』（ベスト新書）を、読まれたい）

日本は日中国交正常化に当たって、中国というよりも、朝日新聞をはじめとする国内世論に、膝《ひざ》を屈して、台湾と断交してしまった。

だが、あの時、中国は中ソ戦争を恐れて、日本に何とかして縋《すが》ろうとしていた。

日本が国交正常化の前提として、台湾と領事関係を維持することに固執していたら、受け入れたはずだった。

もっとも重要なのは日台関係

台湾の人々は、五十年にわたって、日本国民だった。

五十年間も日本国民だった人々を、あっさりと捨てたことは、日本の名誉を大きく傷つけるものだった。

アメリカはカーター政権のもとで、日本より七年も遅れて、台湾にあった中華民国と断交して、米中国交を樹立した。

アメリカは、カーター政権の前のフォード政権から、国交正常化交渉を行っていたが、台湾と領事関係を維持することを主張したものの、中国側が「日本方式《ジャパン・フォーミュラ》」しか認めないと、いい張ったために、従わざるをえなかった。

日本は、五十年にわたって日本国民だった台湾人を、裏切った。日本の罪は、重い。日本の台湾国民に対する、原罪となった。

しかし、アメリカは連邦議会が断交と同時に、台湾関係法（ＴＲＡ）を制定して、政権に台湾を防衛することを、義務づけた。それ以来、米台関係は国交こそないが、台湾関係法に基く公的なものとなっている。

私は国会が一日も早く、アメリカ議会に見倣《みなら》って、日本版の台湾関係法を立法するべきだと、願ってきた。日本はそうすることによって、原罪を償うことができる。

日本にとって、台湾は世界の「ナンバー・ワン」の地位を、占めている。

まず、世界のなかで、これほど日本に対して深い好意を寄せてくれている国は、どこにも存在しない。

台湾は二〇一一（平成二三）年の東日本大震災に当たって、国民の手で二〇〇億円を超す義捐金《ぎえんきん》を募って、被災地へ贈ってくれた。三億人の人口のアメリカと並んで、世界のどの国よりも、大きな額だった。

台湾人は日本が好きなのだ。台湾語には「愛日家《アイジツカ》」という言葉があって、日常、使われている。

台湾は日本にとって、アジアにおけるもっとも重要な国である。日本の独立を保つのに当たって、運命共同体となっている。

もし台湾が、中国によって呑み込まれてしまったら、南方からの海上交通路を断たれてしまう。

日本は韓国が敵性勢力によって支配されることがあったとしても、重大な脅威となるものの、亡びることはない。

台湾は疑いなく独立国家として、存在している。それにもかかわらず、日本は台湾と国交を断って以後、いっさい公的な関係を持つことを拒んで、台湾が国として存在していることを、認めないできた。

これは、日本の安全が日本国民にとって、公的なものでないというのに、均しいことだ。日台関係は両国の国民の交流の絆《きずな》によって、かろうじて保たれている。

日本は日台断交後、台湾に〝アングラ（アンダーグランド）大使館〟といわれる、外務省の民間外郭《がいかく》団体である「交流協会」を、置いてきた。

しかし、中国の顔色を窺《うかが》うあまり、「交流協会」の上に「日本」とか、「日台」とか、つけることをしなかった。それほどまで卑屈になる必要は、なかったはずだ。交流協会は民間団体を装っているが、公的な機関であって、国民の税金によって運営されている。

それに対して、アメリカは台湾に〝アングラ大使館〟として、「アメリカン・インスティテュート・イン・タイワン」を置いているが、「アメリカ」と、「タイワン」の双方が入っている。

「交流協会」は、まったく恥ずかしい判じ物である。たかが、〝民間団体〟の名ではないのか。一事が万事だ。日本がいかに怯懦《きょうだ》な国に落ちぶれてしまったのか、示している。

一刻も早く名称を、「日本交流協会」か、「日台交流協会」に改めるべきだ。

幕末から明治の日本人は、欧米の列強の脅威に対して屈することなく、毅然として、日本の名誉と、独立を守った。誇り高い国だった。

アメリカ軍は動かない

二〇一七年一月に、ワシントンの連邦議会議事堂の正面の広場へ向かって、誰がアメリカの新大統領として聖書に手を置いて、宣誓するのか、分からない。

世界の目が注がれるなかで、誰が就任式の主人公となるのだろうか。

だが、誰が大統領となるとしても、任期中に中国が台湾海峡にミサイルを発射して、台湾を恫喝した場合に、一九九六年の時のように、アメリカが台湾海峡に空母を入れることはないだろう。

アメリカは最新型の原子力航空母艦『ジェラルド・R・フォード』を建造中で、二〇一六年五月に就役することが、予定されている。

今日のアメリカは、一九九六年のアメリカではないのだ。

アメリカ国民の意志力が萎《な》えているのに加えて、アメリカが再び軍拡を行わないかぎり、かつてのようにヨーロッパとアジアの二正面において、同時に局地戦争を戦う能力を持っていない。

中国が台湾に襲いかかってきた時に、どうするか。

中国が台湾へ武力侵攻を試みる時には、そのわきにある尖閣諸島も、奪いにこよう。

多くの日本国民が、中国が尖閣諸島か、南西諸島に対して、武力を行使した場合には、アメリカが日米安保条約のもとで、かならず守ってくれるはずだと、考えていよう。

オバマ大統領が来日した際に、日米安保条約が尖閣諸島に適用されると発言して、日本を安堵させている。

だが、日米安保条約の第五条は、「各締約国は、日本国の施政の下にある領域における、いずれか一方に対する武力攻撃が、自国の平和及び安全を危うくするものであることを認め、自国の憲法上の規定及び手続に従つて、共通の危険に対処することを宣言する。」と、規定している。

「憲法上の規定及び手続に従つて……対処する」と定めているから、アメリカ軍が自動的に、かならず来援してくれるわけではない。その時の全般的な状況や、政権や、議会の判断によっては、アメリカ軍が来援しないことも、ありうる。

読者は新聞の見出しによって、『日米防衛ガイドライン』（日米防衛協力のための指針）という言葉を、ご存知だろう。

もっとも、大多数の人がその中身《なかみ》について、関心を向けないはずだ。

私はアメリカが次期政権のもとで、中国が尖閣諸島を攻撃した場合に、アメリカ軍が動かない可能性が高いと、思う。

二〇一五年に、日米防衛当局者が定めた『日米防衛ガイドライン』は、「自衛隊は日本に対する着上陸侵攻を阻止し、排除するための作戦を主体的に実施する」「米軍は主として自衛隊の能力を補完するための作戦」を行うと、述べている。

以前は、アメリカ軍が「海空における機動的な打撃作戦を実施する」とか、「対着・上陸作戦における、つとめて早期における来援」という、心強い言葉があったものだったが、いつの間にか、削られてしまっている。

アメリカは台湾関係法によって、議会が政権に対して台湾を防衛することを、義務づけている。

しかし、中国が台湾に攻撃を加えた場合に、アメリカがどのようにして台湾を救援するのか、定かではない。これまで、米台間でそのような協議が、行われたことがない。

世界の歴史は、同盟関係が平時においては、抑止力として働くものの、いったん戦いが始まると、それぞれの国が打算によって動くから、頼りにならないことを、教えている。

第四章　日本人の精神を取り戻す

変化するアメリカの日本観

安倍首相は二〇〇七（平成十九）年に体調を崩したために、辞職してから、五年後の二〇一二（平成二十四）年に、返り咲いた。

翌年、安倍首相が靖国神社を参拝すると、その直後に、駐日アメリカ大使館の報道官がワシントンから指示されて、「失望した」というコメントを、発表した。

これは、無礼なコメントだった。日本の内政に干渉することだった。

ワシントンは安倍首相を警戒し、猜疑心を持ってみていた。

「安倍」といえば、アメリカの主要なマスコミで、「ナショナリスト」「反動《リアクショナリー》」という、誹謗《ひぼう》がついてまわった。

安倍首相が靖国神社を詣でると、国務省の逆鱗《げきりん》に触れたのに対して、小泉首相が靖国神社を六回にわたって参拝したのにもかかわらず、当時のブッシュ（第43代大統領）政権は、一度たりとも、不満を表わすことがなかった。

十年あまりで、アメリカの日本観が、大きく変わってしまったのだ。

アメリカは、中国の目覚ましい興隆によって、眩惑《げんわく》されて、中国に靡《なび》くようになったなかで、日本を軽視するようになっていた。

テレビや、新聞に、中国が取り上げられない日はないが、日本が報じられることは少なかった。日本の影が、薄かった。

ところが、ワシントンにおける安倍首相の評価が、それから二年もたたないうちに、「反動《リアクショナリー》」とか、「挑発者《プロボケーター》」から、アメリカの盟友に百八十度変わった。

安倍首相が「積極的平和主義」を掲げて、精力的に世界の諸国を飛び回って、「地球を俯瞰《ふかん》する外交」を行ううちに、安倍首相はドイツのメルケル首相や、フランスのオランド大統領、イギリスのキャメロン首相と並ぶ、世界の首脳の一人となった。

オバマ政権は、安倍首相を見直さざるをえなかった。

安倍首相はオーストラリア、インドから、東南アジア諸国までをまとめて、「海洋同盟」をつくりあげて、アジアの顔となった。

オバマ政権も、安倍首相の日本の力を借りるようになった。

安倍首相の功績は、大きい。日本は世界の舞台で、顔がある首相を、持つようになった。それまでの歴代の首相は、戦略的思考を行うことができなかったために、世界の舞台で、進んで仲間外れになっていた。

一国平和主義の安楽な殻のなかに閉じこもって、世界の一員になろうとしなかったから、日本は「経済大国であるが、政治小国だ」と、いわれていた。

もっとも、アメリカが内に籠《こも》るようになってから、一国平和主義の殻から出るほかない、という事情が働いた。

日米同盟関係が久し振りに、きわめて好ましい状態となった。

アメリカ人を魅了した安倍首相の演説

安倍首相は、二〇一五（平成二十七）年四月に、ワシントンにおけるアメリカ議会上下両院会議において、演説を行った。

安倍首相の演説は、周到に言葉を選び、アメリカ人を魅了する、巧みな演出が施されてきた。首相の四十五分にわたった演説は、満場の議員による十四回にわたるスタンディング・オベイション――拍手喝采によって、中断された。

私は日米関係に四十年以上も携ってきたが、戦後、日本の政治家がアメリカにおいてアメリカ人の心を、これほど強くとらえたことはなかった。

まず、マンスフィールド上院議員をはじめとして、戦後、駐日大使をつとめた議会人を称え、「傍聴席に、私の最愛の妻昭恵が座っています。彼女が日頃、私のことをどう言っているのか、あえて聞かないことにします」というと、議員といえば、いつも政敵や、マスコミから批判にさらされているから、議場が爆笑に包まれた。

安倍首相が就任して以来、日本外交の基調としてきた、世界を「法の支配」のもとに置くべきだという、「国際協調主義に基く積極平和主義」の理念を、熱っぽく訴えた。

ロシアと中国を名指しはしなかったものの、アメリカ議会はロシアが無法にウクライナに乱入し、中国が周辺諸国に傍若無人に振る舞って、国際秩序を脅かしているのに対して、苛立っていたから、力強い味方をえて、歓迎した。

安倍首相は、今日、日米両国が強固な友好関係によって結ばれているといって、演説の途中で、また、傍聴席を指して、「あそこに七十年前に、硫黄島で二十三歳の海兵隊大尉として戦ったスノーデン中将と、その隣席に硫黄島の守備隊司令官として戦死した、栗林大将の孫の新藤義孝議員が座っています」と、述べた。

スノーデン中将と新藤議員の二人が立ち上って、固い握手を交すと、議員が総立ちとなって、拍手した。

首相は演説が終わりに差し掛かると、「日本は、アメリカ、そして志を共にする民主主義諸国とともに、冷戦に勝利しました」と、訴えた。見事な発言だった。

そういうことによって、日本が勝者のなかの一国となって、七十年前の戦争が過去のものとなった。

安倍首相はアメリカ議会演説で先の戦争について、「私は深い悔悟を胸に」していると述べたが、反省は相手があって行う謝罪と違って、個人としてそうするものだから、国家として、非を認めたものではない。

首相は「私たちの同盟を、『希望の同盟』と呼びましょう」と呼びかけることによって、演説を締め括った。

安倍さん、よくやってくれた！

日本では、この演説に対して、さまざまな論評が加えられた。

しかし、西洋では演説は、日本とまったく異なって、きわめて重要であって、日本で想像できないほど高い地位が、与えられているという、何よりも重要な視点が、欠けていた。

日本人にとって、西洋の文化があまりにも異質なものであるために、西洋社会のなかで演説が占めている地位が、理解されていない。

シェイクスピア史劇のシーザー暗殺後のアントニオの演説、リンカーンのゲティスバーグの演説、「老兵は消えゆくのみ」で知られるマッカーサーの演説、ジョン・ケネディの就任演説などをあげるまでもなく、演説は芸術にまで高められている。

西洋におけるオレイション——演説の歴史は、古い。

日本では、福沢諭吉が「スピイチ」にあてて、「演説」と訳して新しい言葉をつくったが、まだ、三田の慶應義塾にある演説館ほどの歴史しかない。歌舞伎や、浄瑠璃のなかには、そのような場面はない。

日本では寡黙であることが、徳の一つとなっているが、西洋社会では寡黙であることを嫌う。西洋人は、いつだって饒舌《じょうぜつ》なのだ。

演説《オレイション》には手振り、表情も含めて、デリバリー——話しかたなどの演技も、重要である。

私は安倍演説に、百点満点の満点を贈った。

日本人にとっての演説とは

七世紀に大陸から日本へ、仏教と儒教とともに、論理が渡ってくると、仏教が神道と混《こん》淆《こう》したというより、神道の土台のうえに加えられた。

仏教と儒教は、人が文字を知ってから生まれたから、論理を用いる。ところが、神道は日本民族が文字を持つ以前の信仰であったために、今日でも、私たちは心を尊んで、論争を嫌い、言挙《ことあ》げすることを、慎む。

言挙げは、言葉にだして、特にいい立てることである。

日本人は互いに心が通い合うから、寡黙だ。論理は、心の外にあるものだ。

そのために、私たちは、多弁な人を好まない。俳句は世界でもっとも短い詩であるが、饒舌を嫌うことから、生まれたものだ。

だが、西洋も、中国も、論理によって争う社会である。

日本では、演説は挨拶に近いもので、壇上に立つ者は、その場の空気を壊すことなく、人々のコンセンサスに合わせることが、期待されている。

西洋において、演説はその場のコンセンサスを壊す力を持っているものだ。

しかし、個人が群衆に語りかけて、自分の意見を述べること自体が、日本人の精神構造にとって、なじまない不自然なものなのだ。

和を重んじて、言挙げしないことが、日本の外交の枷《かせ》となっているが、海外では通用しない。

安倍首相が議会演説を行った翌月に、アメリカの有力新聞『クリスチャン・サイエンス・モニター』のピーター・フォード北京支局長が、私にインタビューしたいといって、たずねてきた。

戦後七十周年に当たって、日本特集を行うために、取材したいということだった。同紙は日本の存在が軽くなってから、東京支局を閉鎖して、北京特派員に委ねている。

はじめに、「どうして、中国と韓国が、過去の歴史について、日本を強く非難し続けているのか」と、質問された。

私は、「中国と韓国は日本と違って、明るい未来がないから、過去にしがみつくほかない」と、答えた。

私は中国の現体制は、経済と独裁体制がともに破綻しており、韓国は近代に入るまで、中国の属国だったために、中国の興隆によって幻惑されて、「先祖返り」していると、説明した。

そして、私は、韓国は中国が崩壊したら、その瞬間から世界最大の親日国になるといって、子供のような国だから、日本は韓国をほうっておくべきだと、つけ加えた。

日本は、未来へ向けて日米の「希望の同盟」を、強化することで、平和の勝者となろう。

私は安倍首相が使命感をもって、内閣の支持率が低下するのを顧慮せずに、安保関連法案を成立させたことを、高く評価している。

安保関連法制は、日本を取り巻く安全保障環境が、大きく変わるなかで、日米同盟関係を強化して、アメリカを日本にひきつけておくために、どうしても必要なことだった。

「性奴隷」という誤解

もっとも、私は安倍内閣に不満もある。

二〇一五（平成二十七）年十二月に、慰安婦問題について、日韓合意を行った。政府は元慰安婦の「名誉と尊厳」を回復するために、韓国に十億円を提供することを、約束した。だが、これまで歴代の日本政府が、日本国の「名誉と尊厳」に、一度でも言及したことがあっただろうか。

慰安婦は職業的な売春婦だったが、戦地で兵隊たちに奉仕した。崇高なその行為に「名誉と尊厳」があったから、その後、韓国で彼女たちが見世物にされて、名誉を傷つけられたというのなら、納得できる。

しかし、今回の日韓合意は、日本が慰安婦だった女性たちを拉致して、売春を強制したことこそ認めていないものの、海外のメディアによって、日本が「慰安婦」について詫びて、補償することを約束したと、報道された。日本が十万、二十万人という無辜《むこ》の娘を

「性奴隷《セックススレイブ》」にした非人道的な国だということを、裏書きするものになってしまった。「ニューヨーク・タイムズ」紙はすぐに「生存者の証言として、この性奴隷制度によって、四十万人の少女たちが拉致され、家族が抵抗すると殺された。安倍（首相）の謝罪は誠意がなく、十億円は生存者を黙らせるための安い賄賂《わいろ》である」（二〇一六年一月一日）と、報じた。

このような報道は、日本の名誉を深く傷つけるものである。

だが、これは日本の名誉の問題だけに、とどまらない。

日本が万一、危機に陥った場合に、世界の諸国民が救いの手を、差し伸べてくれなければならないが、日本が非道な国であるというイメージが定着してしまったら、日本を援《たす》けようと思わないだろう。

これは、名誉の問題だけではなく、日本の安全にかかわる問題である。

ワシントンは慰安婦問題について、河野談話を手直ししたり、「日本が侵略戦争を戦った」という、村山首相談話を否定すれば、中国、韓国を刺激して、東アジアに不必要な波風を立てるから、日本に慎んでほしいという。日本はおとなしくしていればよいというのだ。

だが、日本が中国や、韓国に対して、頭《こうべ》を低く垂れて、いくら媚びたとしても、日本に対する中国や、韓国の態度が改まることはない。かえって、日本を侮って、いっそう猛々《たけだけ》しく振る舞うこととなろう。

私は安倍首相が臆することはない、と思う。靖国神社を春秋の例大祭に、堂々と参拝するべきだ。

先に靖国神社に詣でた時は、電撃的に参拝したために、目を盗んで行ったように誤解されて、いっそう叩かれることになった。

国会を中心として、河野談話の見直しを進めるべきである。

歴代の政府が河野談話をそのままに放置してきたが、平成二十六（二〇一四）年に、維新の党（当時）の山田宏衆議院議員が、河野談話が行われた当時の石原伸雄副官房長官を喚問して、証言を引き出した功績は大きかった。

アメリカの思惑に気兼ねせずに、なすべきことをはっきりと行い、全世界に向かって、日本がアジアの女性たちを拉致して、「性奴隷」としたという、誤解をひろめた政府談話を、否定しなければならない。

日本が謝罪し続けても、日本の立場はよくならない。

日本はイスラエルを、手本とすべきだと思う。イスラエルは入植地をヨルダン川西岸に、次々と建設するなど、アメリカの神経を逆撫でてきたが、いまではアメリカは「またか」と思うだけで、もう馴れっこになっている。

アメリカがイスラエルなしに、中東政策をたてられないように、日本なしには、アジア政策を考えられない。

日本が危機に立ち向かうには

安倍首相は奮闘している。しかし、いくら安倍首相が力をふるってみても、日本が真っ当な国民精神を取り戻さなければ、日本が危機に立ち向うことができない。

日本国民が、日本を取り戻さなければならない。

私たちは、日本について何を誇ったらよいのだろうか。

二〇〇七（平成十九）年十一月に、「エドワード・サイデンステッカーさんを偲ぶ会」が、上野精養軒において催された。

サイデンステッカーさんは、『源氏物語』や、川端康成や、三島由紀夫をはじめとする作品の訳者として、日本文学を世界に紹介する、大きな業績を遺した。

サイデンさんは上野をこよなく愛していたが、不忍池を見下ろす会場に、丸谷才一氏をはじめ、ドナルド・キーン博士らなど、日本文学の関係者が三百人あまり集まった。会場には、故人と面識がないのに、新聞で会のことが報じられたのを知って来たという、善男善女が少なくなかった。

私が献杯の発声を、行った。ふたこと三言、型通りの短い口上を述べてから、「私はサイデンさんより十六年も若いのですが、日本について、多くを教えられました。私は麹町に住んでいますが、サイデンさんはよくわが家を訪れてくれました。わが家が路地裏にありますが、ある時、サイデンさんが『三、四十年前まで、朝早くこのような裏路を歩くと、箒目《ほうきめ》を入れて、清々《すがすが》しく掃かれていましたよ。主婦や、おばあちゃんが小脇に箒をはさんで、「おはようございます」と、じつに丁寧《ていねい》にお辞儀をしてくれたものでした。

でも、今では、コンクリートに覆われてしまって、箒目がなくなりました』と、いいました。

今日では、日本の心がコンクリートの下に、閉じ込められてしまいました。皆様とご一緒に、力を合わせて、日本の心を取り戻すことに、努めたいと思います」と、述べた。

劣化する日本人

このところ、日本人が急速に劣化している。それとともに、日本の力が萎《な》えるようになっている。

日本が日本の態《てい》を、なさなくなっている。どこを見てみても、アメリカ型の物質文化の屑箱《くずばこ》となってしまった。

つい、三十年前までは、まだ、多くの人々が、日本人らしさを保っていたものだった。私は日本が先の大戦に敗れた時に、小学三年生だった。おとなたちは敗戦の衝撃によって打ちひしがれて、戦勝国に媚びていたが、子どもはそのような器用さを欠いたから、アメリカに諂《へつら》うおとなたちを、信用できなかった。

教科書が占領軍によって、ところどころ墨で塗り潰されていたが、子どもが読む本がなかったから、戦前の田川水泡の『のらくろ』のシリーズや、『カバの連隊長』、海野十三の『浮かぶ飛行島』、山中峯太郎の『亜細亜《アジア》の曙《あけぼの》』や、櫻井忠温の『肉弾』を友達と回し読みして、戦中、戦前の時代精神を、身につけた。

日本は先の大戦を、国を挙げて戦った。国民が十九世紀末に猖獗《しょうけつ》をきわめた西洋の帝国主義から、日本の独立を守らねばならないことを肌に刻んでいたから、よく戦った。

今日の日本が、独立することの尊さを忘れ、退廃してしまったのは、戦争体験が風化したことによるものだ。

日本が独立を回復してから、かなりの期間にわたって、左翼に気触《かぶ》れた知識人や、ジャーナリズムが躍起になって、亡国的な思潮を煽ったのにもかかわらず、深い根を張ることがなかった。

あのころは、日本国民の大多数が、正気を保っていたのだ。

日本はサンフランシスコ講和条約が発効することによって、一九五二（昭和二十七）年に主権を回復した。

その翌年に、国会が全会一致によって、戦没者遺族と戦病傷者を援護する法律を改正し、戦勝国による東京裁判をはじめとする、いわゆる戦争犯罪裁判によって法務（刑）死し、あるいは投獄された同胞を、名誉の戦死者や、戦病傷者と同等に扱うことを、決めた。

保守政党から、日本社会党まで主要政党が「戦争犯罪人」という概念そのものを、認めなかったのだった。大多数の日本国民に、幕末からの血が脈打っていたから、何が正しいか、わきまえていた。

独立を回復すると、すぐに日本弁護士連合会が中心となって、当時、まだ服役していた、いわゆる戦争犯罪者の即時釈放を求める署名運動が、全国にわたって展開された。四千万人以上が請願書に署名したが、当時の日本の人口のちょうど半分に当たった。今日であったら、六千万人が署名したことになる。

日本にこれほどおびただしい数にのぼる署名を集めた請願運動は、今日に至るまで、空前絶後だった。

それを受けて、政府が戦勝諸国と交渉して、一九五八（昭和三十三）年までに、いわゆるＡＢＣ級戦犯全員が釈放された。

当時の日本国民は、戦争の記憶が鮮明だったから、開戦に至った経緯を承知しており、日本だけが戦争責任を負うべきでなく、連合国の圧倒的な武力に屈服し、日本が敗れた「国」であることを、知っていた。独立国としての意識を、まだ旺盛にいだいていた。

主権を回復した四年後に、いわゆる〝Ａ級戦犯〟として有罪判決を受けた重光葵《まもる》が、鳩山内閣の外相として、返り咲いた。翌年、日本国民は〝Ａ級戦犯容疑者〟として投獄された、岸信介を首相の座につけた。

その五年後に、やはり〝Ａ級戦犯〟として、有罪判決を受けた賀屋興宣《おきのり》が、池田内閣の法相となった。
今日と違って、〝A級戦犯〟はけっして汚名ではなかった。重光も、賀屋も、出獄すると、すぐに総選挙に立候補して、衆議院議員として当選した。

昭和天皇の靖国参拝

昭和天皇は日本の独立回復後、靖国神社に八回にわたって行幸されたが、新聞も批判することが、まったくなかった。一九七五（昭和五十）年が、昭和天皇が靖国神社に行幸《ぎょうこう》された、最後の年となった。

そのかたわら、自民党は靖国神社を国家が護持する法案を、昭和四十九（一九七四）年に、他の法案を優先したために廃案にするまで、毎年、国会に上程した。

一九七七年（昭和五十二）に靖国神社にいわゆる〝A級戦犯〟が、合祀《ごうし》された。

その後、大平正芳《まさよし》首相が三回、鈴木善幸《ぜんこう》首相が九回にわたって社頭に詣でたが、日本のマスコミも、中国も、韓国も、非難することがいっさいなかった。

いまの日本ではまったく考えられないことだ。今日の中国と、韓国についても、考えられないことだ。

日中関係、日韓関係を悪化させたのは、多分に日本の責任である。日本が両国に対して、毅然たる態度をとってきたとすれば、両国との関係が、今日のような険しいものになることがなかった。

日本が主権を回復した後、かなりの期間にわたって、中国や、韓国に対する「土下座外交」という言葉は、日本語のなかになかった。中韓両国から叱責されるたびに、首相や、官房長官や、外相がうろたえることもなかった。

歓迎された警察予備隊

一九五〇（昭和二十五）年に自衛隊の前身となった警察予備隊が、占領下で創設された。警察予備隊や、保安隊（昭和二十七年に警察予備隊を改称）に勤務した自衛隊の退職者に聞くと、保安隊のころまでは、採用されて入隊した時には、村長以下郷里の人々が、出征兵士を励ますように、「祝」と書かれた幟《のぼり》を立てて、送ってくれた。

あるいは、地方で部隊が演習の帰り途に、田舎道を行進していると、農家の主婦が旧軍の時と同じように、道端に机を並べて、節くれだった手で、茶を振る舞って、「兵隊さん！ご苦労さま！」とか、「頑張って下さあい！」と叫んで、励ましてくれたという。

一九九九（平成十一）年に、自衛隊向けに発行されている『朝雲』新聞に、警察予備隊が創隊された当時を回想した記事が載っていたのが、目にとまった。

「『善通寺駅に着いた時、大勢の町民が日の丸の小旗を振って、凱旋《がいせん》兵士を迎えるように歓迎してくれた』。昭和二十五年八月に警察予備隊が創設され、その年の十二月、香川県善通寺市に善通寺キャンプが開設された。

一期として入隊した平松茂一さん（七二）は当時をそう回想する。現在、二混団本部、一五普連などが所在する善通寺駐屯地の開設当時の話からは、草創期の自衛隊の姿が、ほのぼの浮かび上がってくる。（中略）

何よりも新隊員たちを感動させたのは、当時の善通寺町（現善通寺市）の人たちが、隊員に対して非常に親切だったことだ。それまでさびれていた町に五千人以上の隊員がやってきたことに、町民も活気づいた。

初日の歓迎ぶりは、その喜びの表れだったらしい。隊員は映画館も、飲み屋も、うどん屋も、割引料金だったという」（平成十一年十二月一六日号）

善通寺に到着した部隊を歓迎する町民の写真が載っており、「日の丸の小旗を振って、警察予備隊員を出迎える善通寺町民。沿道は人だかりで、隊列が見えないほどだった」という、写真説明が行われている。

今から、六十六年前のことだ。占領軍は日の丸の掲揚を禁じ、日の丸の小旗を持つことも許さなかったが、警察予備隊の役割に期待したから、大目にみざるをえなかった。

一九五四（昭和二十九）年に、自衛隊として改称された直後に、銀座の表通りを「特車」（戦車が「特車」と呼ばれていた）部隊が行進して、都民が大通りの両側歩道を埋めて、日の丸の小旗を振って、歓呼している写真がある。

このような戦後史は、大新聞の縮刷版をめくっていっても、知ることができない。ジャーナリズムは騒がしい左翼勢力に、加担してきたから、国内の実相を報じることがなかった。左翼の人々は民主主義を唱えながら、日本の大多数を占めている保守的な国民を、愚民として見下していた。

日本独自の防衛体制を

一九七〇年代ごろまでは、為政者も、日本が独立国であるという、気概を保っていた。今では、首相が日本の核武装について、口を開くことは、考えられない。

池田首相が一九六一（昭和三十六）年に、来日したアメリカのラスク国務長官と、箱根で会談した時に、「日本も核武装したい」と述べて、ラスク長官を狼狽《ろうばい》させている。

池田首相の首席秘書官を務めた伊藤昌哉氏は、回想録である『池田勇人 その生と死』(至誠堂、昭和四十一年)のなかで、次のように述べている。

「私が、池田のところへ身を寄せてまもなくのことだから、昭和三十三年の五月ごろのことだったと思う。

ある日、池田は西ドイツの防衛問題に関する新聞記事を読みながら、いきなり、『日本も核武装しなければならん』といった。私は大いに驚いた。『広島は世界ではじめて原爆の被害をうけたところです。その地区からの選出議員が核武装を提唱するなどとは、とんでもないことですよ』と、私は答えた。

池田はかねてから、『日本の国は、日本人の手で守らなければならない』と考えていたので、なにかのとき、うっかり失言されてはたまらないと、私はあわてたのだ。

通常兵器による自衛隊はあるにしても、それは核兵器をもつアメリカの戦略の一環に、組みこまれているものである。核戦力をもつということは、ひとつの国防体系の完結を意味する。私も、日本独自の防衛体制を考える池田の言葉が、全面的にまちがっているとは思えなかった。(中略)

このことがあって以後、池田は二度と核の問題にふれず、核実験反対、核保有反対の立場をつらぬいたが、『日本の国は日本人の手でまもらなければならぬ、他人の世話になってはいけない』という思いが、消えたわけではなかった」

佐藤首相も、一九六四（昭和三十九）年に、ライシャワー（アメリカ）大使を首相官邸に招いた時に、日本も核武装すべきだと、説いた。

ライシャワー大使が、この会談について国務省へ送った公電が、公開されるようになっているが、この時に、佐藤首相は「日本の世論が核武装を受け入れる準備が、まだ、できていないが、これから教育しなければならない」と語り、「日本は過去のように『帝国主義的野心』がないから、アメリカが（日本の核武装について）心配する必要がない」と、説いている。

被爆国家である日本こそ核武装すべき

明治以後、日本が台湾、朝鮮半島を領有して、帝国主義の道を辿《たど》ったのは、独立を守るために、アメリカをはじめとする西洋の帝国主義諸国に対抗しなければならなかったから、避けられなかったことだった。

公明党が一九六七（昭和四十二）年一月の総選挙で、はじめて衆議院に進出し、二十五人を当選させた。翌月に、院内ではじめて代議士会を開いた時に、「日本も国民を守るために、最強の防衛力を備えねばならない。核武装すべきだ」という提言が、論じられた。

十七年前に、西村真悟防衛政務次官（当時）が、国会で核兵器について論じるべきだと、発言したために、更迭される事件が起こった。どうして、論じてはならないのだろうか。

私は三十年前だったら、どうだっただろうかと、思った。

石原慎太郎氏が、一九六八（昭和四十三）年に、初めて全国区から参議院議員選挙に立候補した時には、日本の核武装を公約として掲げた。それにもかかわらず、史上かつてなかった三百万票の大量獲得で、当選している。

私は、トルーマン大統領が一九四五（昭和二十）年八月に、広島、長崎に原子爆弾を投下することを決定した、ホワイトハウスの会議に出席した、ジョン・マクロイ元陸軍次官と、夕食をとったことがある。

私は広島、長崎に対する原爆投下を話題にして、「もし、あの時、日本が原子爆弾を一発でも持っていて、アメリカのどこかに落とすことができたとしたら、日本に核攻撃を加えたでしょうか」と、質問した。

小人数の夕食会だった。『ニューヨーク・タイムズ』の大記者と呼ばれた、ジェームズ・レストンも招かれていた。

すると、レストンが驚いて、私に「なぜ、そんな当たり前のことを質問するのか。きかなくても、答えが分かっているだろうに」と、口をはさんだ。

私は「これまで原爆投下の決定に参画した人に会ったことがないので、確かめてみたかった」と、答えた。

すると、マクロイが「もちろん、君も答えを知っているだろう。もし、日本があの時に原爆を一発でも持っていたとしたら、日本に対して使用することは、ありえなかった」と、いった。

それ以来、私は日本は世界で唯一つの被爆国として、あの惨劇を二度と繰り返さないために、核武装すべきであり、どの国よりも被爆国家として、そうする権利があると、信じてきた。

私は広島の平和記念公園の慰霊碑を詣でるたびに、「過ちは二度と繰り返しません。安らかにお休み下さい」という碑文を、核兵器を持たないために、悲惨な核攻撃を招くような過ちを、繰り返しませんという、誓いの言葉として読むべきだと、思う。

日本が平和国家であれば、核兵器を持ったとしても、核攻撃を防ぐ抑止力として用いられ、外国を攻撃することはない。

日本人本来の徳目

安倍内閣が戦後の日本の黎明《れいめい》を、招き寄せようとしている。

それでも、大戦後七十年が過ぎたというのに、いまだに日本の精神的な混乱が、大きい。

このような精神的な混乱は、日本民族が先の戦争を戦ったことによって、西洋諸国によって苛酷な植民地支配を数百年にわたって受けていた、アジア・アフリカ諸民族を解放したために払った犠牲が、あまりにも大きかったことと、比例していよう。

だが、私は日本の復元力を信じたい。

ある晩、私は新宿の夜の巷に立っていた。街では、青年男女が遊び呆《ほう》けていた。

私はその時に、ふと、前大戦で散華した若者たちが祖国に凱旋《がいせん》して、失われた青春を取り戻すために、青年たちのなかに宿って、遊び呆けているのだと、思った。

そして、わきにいた友人に、祖国が危機に瀕《ひん》した時には、青年男女たちがかならず立ち上がるにちがいないと、いった。

だが、危機が募った時に、若者たちの心に点火する火種が必要である。私の使命は愛国の火種を燃やし続け、その火勢を熾《さか》んにすることだと、自分にいい聞かせた。

この半世紀に、そのありかたが、大きく変わった。

かつて人々の行動を律した徳目が、新しい贋《にせ》の徳目によって、置き換えられるようになっている。

今日の人々は、平等、差別や、格差がない社会、福祉の充実、環境への思い遣り、社会正義といった、徳目を信じている。

しかし、本来の徳目と異質なもので、似非《えせ》道徳でしかない。社会がこれらの見せ掛けの徳目によって、支配されるようになっている。

豊かさが増大して、容易に生きられるようになったために、人が我儘《わがまま》に振舞うようになった。

貧しかった時代には、人々が凭《もた》れ合って生きたから、運命共同体として固く結ばれていた。国は国民の拠り所だったし、働く場の人々や、家族や、一族が、哀楽や、責任を分かち合った。

だが、社会がばらばらになって、解体しようとしているのは、豊かな時代が到来したためだけではない。

日本だけではなく、豊かな社会においては、共同体であるべき社会が、深い傷を負うようになっている。

全世界にわたって、豊かな社会が病み、家族や、隣近所という共同体を支えてきた精神が、荒廃するようになっている。

個人の存在が、矮小化してしまったことが、退廃を招いた大きな原因である。

伝統的な徳目が力を失ったのは、イデオロギーを問わずに、社会主義、ナチズム、ファシズムだけではなく、大戦がもたらした体制によるものだった。

世界大戦が「総力戦」をもたらしたために、社会の力が肥大化して、個人の存在が軽くなった。

個人の存在が矮小《わいしょう》化したことが、大戦がもたらした最大の惨禍《さんか》だったのかも、しれない。

日本でも、総力戦体制が導入されて、社会の仕組みが大きく変わった。

男たちが根こそぎ戦場へ駆り出され、女性が軍需工場や鉄道など、男が担っていた職場に、動員された。階級差が減じるかたわら、男女の差違をなくし、国民の一体化をもたらした。個人が全体のために、存在するようになった。

国家が国民生活の隅々にまで、干渉するようになったために、個人に代わって、社会が主役となった。

かつて人は、旺盛な自立心をもって、自らの運命を切り拓くことが、求められていた。人は強くあらねば、ならなかった。

いまでは、人が社会の一員として生きることが、習い性となったために、人から自主性が失われ、精神が脆《もろ》く、人として弱くなった。

今日では、人が弱い存在であることが、当然のこととして、みなされている。何ごとについても保護され、扶助されることが、生得の権利だと、思っている。

つい、このあいだまで、このような人がいたとすれば、恥ずかしい存在だった。

平等や、差別や、格差のない社会や、福祉の充実は、政治的なスローガンであって、人の精神を律する徳目となりえない。環境保全も、社会的な政策であって、人格を形成するものではない。

今日では、貪欲な企業によって、欲望を充たすことが、奨励されている。人はそのために生まれてきたと、考えられている。

そのかたわら、愛が称えられている。しかし、愛は自己本位な感情でしかない。

かつては、節約が重要な徳目とされていた。節約は、けっして蓄財や、吝嗇《りんしょく》を意味していなかった。倹約が強調されたのは、欲望を抑えることにあった。忍耐力が、美徳だった。節制も、重要な徳目だった。

浪費は罪だった。今日では、際限なく浪費することが、奨励されている。自制心や、忍耐力は、消費を妨げる。

かつては、慢心が疎《うと》まれたのに、人が増長して、自惚《うぬぼ》れるようになった。ついこのあいだまでは、人々が人並みの生活を送ることを求めたのに、誰よりも快適な生活を送りたいと、思っている。

孝心、公徳心、自制心や、責任感や、恥の観念が失われた。

生活の消費水準を向上させようと欲するが、精神を向上させようとは思わない。民主主義は、道徳とは無縁だ。

それでは、社会の規範を、いったい、どこに求めればよいのだろうか。

社会がこのあいだまで守ってきた、先祖から受け継いだ伝統文化以外に、求めることができない。

第五章　日本国憲法の欺瞞

日本国憲法が日本を守ったのか

私は近所のコンビニで、買物をすることが多い。

そのつど、もし、二、三千年後に店ごと発掘されたら、きっと、今日の日本国民の食生活を知る、貝塚となるだろうと思う。

私は店内を巡るたびに、今日の日本国民は『旧約聖書』の冒頭にでてくる、「エデンの園に、住んでいるのだ」と、自分にいい聞かせる。私の青春時代に夢想すら、できなかった、楽園のなかを、歩いているのだ。

入り口の近くで、新聞や書籍が売られている。

そのなかに、『日本国憲法』という本がある。

二〇一三（平成二十五）年六月八日付の朝日新聞に、この本のことが載っていた。

「日本国憲法　コンビニで　小学館のベストセラー　31年前の姿で第2版　初期編集者『改憲論議の今こそ』」という見出しで、記事が始まっている。

「一九八二年春に発行された小学館『日本国憲法』は、三十七刷九十二万部に達する異色のベストセラーだ。近く、初めて版を改め、ソフトカバーになって、コンビニに並ぶ。改憲気運が高まっている今だからこそ、より多くの人に読んでほしい。出版人の思いがこもる。」

いまでは、百万部を大きく超えていよう。

日本国憲法に国民の関心が集まっていることは、喜ばしい。できるだけ多くの国民に、読んでほしいと思う。

いったい、日本国憲法がエホバのように日本という楽園を、守ってくれてきたのだろうか。

いや、アメリカ軍が守ってくれてきたのだ。

日本のなかで、日本国憲法にノーベル平和賞を与えるべきだと、運動しているグループがある。

私の畏友《いゆう》で、『ニューヨーク・タイムズ』や、『ロンドン・タイムズ』の東京支局長をつとめた、ヘンリー・ストークス氏によれば、「ノーベル賞は発明者か、発案者に授けられるから、マッカーサー元帥の遺族に贈ろうというのだろうが、日本でアメリカ占領軍総司令官を崇めている人々が、いまだに多いことに、驚かされる」と、語っている。

ストークス氏はイギリス人だが、日本に来てから、もう五十年になる。

マッカーサー元帥との会合

マッカーサー元帥は、晩年、ニューヨークのマンハッタンで有名なホテルである、ウォードルフ・アストリアの最上階のペントハウスに、住んでいた。

私は元帥をたずねて、日本占領時代を回想してもらったことがある。

私はその時のことを、月刊『文藝春秋』（一九六七〈昭和四十二〉年三月号）に寄稿した。

案内されて広い応接間に通されると、国宝級の金屏風が三、四双並び、金銀の飾物、陶器など、日本の古美術品がところ狭しと置かれていた。

やがて、元帥がダークグレイの背広を着て、入ってきた。七十八歳だったが、年老いて、ひとまわり小さくなったようにみえた。

元帥が坐《すわ》ると、シガレットボックスをとって、タバコをすすめてくれた。とると、自らマッチをすってくれた。元帥の手がひどく震えていた。

元帥は質問に答えて、話題は憲法九条から極東の軍事情勢にまでおよんだ。いったん、話しだすと、とまらなかった。

遠くをみるような目で語り、熱が入ると、かつて三軍を叱咤したような大声をだした。

「その時、幣原《しではら》がやって来て、涙を浮べて、日本は平和国家として永久に軍備を放棄すべきだ、といった。私は今日でも、第九条は世界に誇るべき、精神的な規定だと思っている。日本は東洋のスイスでなければならない」

「私が東京に進駐すると、陛下が会いにこられた。そして、陛下は大戦の責任は、みな、自分一人にある。臣下は自分の命を奉じたに過ぎないと、厳然としていわれ、連合国が責任を問おうとするなら、まず自分を処刑してほしい、と述べられた。私はこの時、真の君主の姿をみたと、思った。あの瞬間から、天皇を深く敬愛するようになった」

そのうちに、元帥は熱心に「日本は軍備を拡張し、自由アジアの一大軍事勢力として、極東の安全に寄与しなければならない」と、説いた。

昭和天皇が進駐してきたばかりのマッカーサー元帥と、アメリカ大使館で会見された時にも、元帥が陛下にタバコをとって、おすすめしている。

私は元帥が育ちがよいので、来客が誰であっても、タバコをすすめたのではないかと、思った。

元帥の父親のアーサー・マッカーサーは陸軍中将で、アメリカが植民地として支配していた、フィリピンの総督をつとめた。

副官から許されていた時が終わったので、席をたった。元帥がドアまで送ってくれたが、握手する時に、「日本から友人がたずねてきてくれることが、もっとも嬉《うれ》しい」といった。目が濡れて、光ったようだった。

日本国憲法の出自

幣原喜重郎《しではらきじゅうろう》は、日本が戦争に敗れた二ヶ月後の十月から翌年五月まで、首相をつとめた。

日本国憲法の出自《うまれ》は、きわめていかがわしい。

今日まで、日本のマスコミや識者が、日本国憲法を「平和憲法」と呼んでいるが、日本が先の戦争に敗れた直後に、アメリカの占領軍が日本に押し付けたものだった。

アメリカ軍が日本に進駐すると、まだ、半年もたっていないうちに、マッカーサー元帥の総司令部が書いた日本国憲法案を、日本政府に示して、有無《うむ》をいわさずに受諾することを、強要した。

日本は国土が灰塵《かいじん》と化し、陸海軍が完全に武装解除され、国を守る軍という楯を失っていたので、占領軍が無理じいするのを、受け入れざるをえなかった。

いったい、アメリカは日本という国の国益を考えて、日本に日本国憲法を与えたのだろうか?

もちろん、そのようなことはなかった。いうまでもないが、アメリカの国益だけを考えて、日本に日本国憲法を強要したのだった。

日本が軍隊を持つことを許されず、未来永劫《みらいえいごう》にわたって丸裸になれば、アメリカによる保護に、永久に身を委ねるほかない。日本をアメリカの属領のような国とすることを、はかったものだった。

昭和天皇は日本国憲法案をご覧になって、流石《さすが》に不安になられて、マッカーサー元帥と会見された時に、「アメリカはいつまでも、これからずっと、日本を守ってくれるのだろうか」と、ご下問されている。マッカーサーは「日本をいつまでも守る」と、答えている。

日本国憲法は敗戦の翌年の十一月に、公布された。

日本のマスコミや、識者が日本国憲法を、なぜか、「平和憲法」と呼んできたが、この平和は「奴隷の平和」か、「属領の平和」でしかない。

押し付けられた第九条

私はアメリカに通って日本国憲法の制定の経緯《いきさつ》について、調べてきた。

アメリカのルーズベルト政権は、一九四一（昭和十六）年二月だったが、国務省のなかに極秘裡に「特別研究部《スペシャル・リサーチ・ディビジョン》」（SR）を設置して、日本と戦って、日本を壊滅させた後に、日本をどのように処理するか、研究するチームを発足させた。日本がアメリカによって追い詰められて、真珠湾を攻撃した十ヶ月前のことだった。

ルーズベルト大統領は開戦のはるかに前から、日本に戦争を強いて叩きのめすことを、決めていた。

SRの若き一員に、戦後、コロンビア大学で教鞭《きょうべん》をとったヒュー・ボートン教授があった。私はボートン教授のもとに通って、真相を語ってもらった。

SRは日米開戦後に軍部が加わって、対日講和条約案を作製した。これは、じつに苛酷なものだった。

日本に軍備を保有することも、いっさいの軍需産業も、核の平和利用も、研究も、航空機についいては、民間機も含めて一機すら持つことを、永久に禁じるものだった。

日本が降伏すると、占領軍総司令官となったマッカーサー元帥に、この講和条約案を盛りこんだ憲法を、日本に強要するように指令が発せられた。

そして、日本国憲法があくまでも日本国民の発意によって、制定された体裁をとるように命じていた。そこで、幣原首相が第九条を発案したこととした。

日本国憲法を公布してから、僅か四年後に朝鮮戦争が始まった。マッカーサーは第九条を押し付けたことが大失敗だったと、臍《ほぞ》を噛《か》んで、日本政府に警察予備隊を創設して、再武装するように命じた。

マッカーサーは日本占領という事業を成し遂げたうえで、日本という〝野蛮な国〟を、〝小さなアメリカ〟につくり変えた功績を駆って、大統領選挙に出馬するつもりだった。

そこで、日本を完全に非武装化した憲法を、押し付けてしまった大失敗を隠蔽《いんぺい》するために、第九条が幣原の発想だったと、いい続けたのだった。

日本国憲法原案は、総司令部（GHQ）があった第一生命ビルの最上階の大広間を使って、起草された。政治局（GS）の二十五人の部員が、寝食を惜しんで仕事をした。作業は極秘にされた。

しかし、憲法についてシロウトの集団だった。その一人だったユダヤ人青年が、「日本の専門家に相談するべきだ」と提案したところ、即座にチームから追放された。

七日後に、草案がまとまった。マッカーサーや、マッカーサーの側近で、民政局長だったホイットニー少将が目を通して、九十二条にわたる原案が完成した。

その翌日、ホイットニーが部下を連れて、白金の外相公邸に、幣原内閣の吉田茂外相をたずねて、憲法原案を手交した。

吉田は、総司令部に命じられていた憲法改正問題を担当していた、国務大臣で法学者の松本烝治などをともなって、待っていた。ホイットニーは、日本政府がこの原案を呑まなければ、「天皇の一身上の安全を、保障することができない」といって、威嚇《いかく》した。

吉田と松本が、原案に目を通した。ホイットニーは後に著した回想録のなかで、「たちまち、吉田の顔色が黒い雲によって包まれたように、変わった」と、回想している。

ちょうど、その瞬間に合わせて、B29爆撃機が一機、外相公邸の屋根を耳を聾《ろう》する爆音を立てて、超低空飛行で掠《かす》めて飛び去った。

B29は上空で待機していたが、地上から無線で降下するように、命じたのだった。

ホイットニーは回想録のなかで、B29による恫喝《どうかつ》効果について、「はっきりとい表わせないが《インディスクライバブル・バット》、ものすごく効き目が《・プロファウンド》あった」と、書いている。

「われら」は日本国民ではない

日本国憲法は、欠陥が多い。日本の憲法であるはずなのに、日本語が誤っている。現行憲法について、もっとも恥ずかしいことだ。

日本国憲法の前文を、読んでみよう。

「日本国民は、正当に選挙された国会における代表者を通じて行動し、われらとわれらの子孫のために、諸国民との協和による成果と、わが国全土にわたつて自由のもたらす恵沢を確保し、政府の行為によつて再び戦争の惨禍が起ることのないやうにすることを決意し、ここに主権が国民に存することを宣言し、この憲法を確定する。」と、始まっている。

何と長く翻訳調で、読みづらい文章だろうか。

いったい、このなかの「われらとわれらの子孫」は、誰のことを指しているのだろうか?

仮に「太郎と花子は自転車に乗って、われわれのためにミカンを買いに行った」という文章があったとしよう。「われわれ」が太郎と花子を指していないことは、明らかである。日本国憲法の前文のなかにある「われら」が、日本国民であるはずがない。

ところが、前文を最後まで読んでも、「われらとわれらの子孫」が、いったい誰なのか、説明されていない。

まるで誰かが、どこか陰に隠れているようで、不気味である。

「われら」が誰なのかわからないから、日本語として失格である。

前文には、もう一ヶ所、「日本国民は、恒久の平和を念願し、人間相互の関係を支配する崇高な理想を深く自覚するのであつて、平和を愛する諸国民の公正と信義に信頼して、われらの安全と生存を保持しようと決意した。」という、文言が出てくる。

この「われら」も、日本国民でありえない。

憲法の制定の経緯からいって、ここで「われら」というのは、連合国の国民のことなのだろう。「アメリカ国民とその子孫のために」と読むと、よく理解することができる。

かりに、中学校の公民の授業中に、生徒が立ち上って、「センセー！　この前文のなかに、『日本国民はわれらとわれらの子孫のために』と書いてありますが、この『われら』とは、いったい誰のことなのでしょうか？」と質問したとしたら、先生は答えにつまって、立ち往生してしまうにちがいない。

日本国憲法の原文は、英語だ。原文で読むと、きわめて明快だ。

We, the Japanese people, acting through our duly elected representatives in the National Diet, determined that we shall secure for ourselves and our posterity the fruits of peaceful cooperation with all nations……

「われら日本国民は……われらとわれらの子孫のために」と訳すればよかったが、ＧＨＱに雇われた日本人訳者たちは、それではあまりにも翻訳臭が強くなってしまうので、そう訳するわけにゆかなかったのだろう。

だが、出だしの「日本国民」の上に、「われら」を入れなければ、英文和訳の答案としては、落第である。

せめて憲法は、正しい日本語で書いてもらいたい。

どうして、国語審議会が憲法前文の国語の誤りを、取り上げることがなかったのだろうか。国語審議会は二〇〇二（平成十四）年に、文部科学省の文化審議会国語分科会として改編されたが、憲法前文を放置しているのは、職務怠慢としかいえない。

日本国憲法第二章は、「戦争の放棄」という見出しがついている。

いったい、病気とか、火事とか、犯罪を放棄できるものだろうか。

外国が仕掛けてくる戦争も、災《わざわ》いであるから、いくら、そう願ってみたところで、放棄することができるものではないはずだ。

憲法には、じつに粗忽《そこつ》な誤りが多い。第七条の「天皇の国事行為」として、「国会議員の総選挙の施行を公示すること。」と規定している。総選挙は、衆議院議員選挙についてのみ行われるから、誤まっている。参議院議員選挙は国事ではないのか。

これは、アメリカが最初に日本側に示した憲法案では、国会が一院制をとっていたが、日本側が二院制に固執したために、改められた。

総司令部にとっては、一院制でも、二院制でも、どっちでもよかったから、GHQが譲って、二院制となった経緯がある。一院制を想定した時の条文が、そのまま残ってしまったのだった。慌ててつくったことがわかる。

また、天皇の国事行為として、「外国の大使及び公使を接受すること」と定めているが、天皇が外国の国王や、大統領などの元首と会われることは、国事行為として定められていない。

そうなると、天皇が国賓を国事行為として迎えられているのは、憲法違反であって、けしからぬことだ。それとも、憲法にこのようにうっかりした手落ちがあるほうが、許せないことではないか。

第七条で「官吏」と書いているのに、その後は「公務員」となっている。占領軍総司令部が作成した原文を、あわてふためいて、手分けして大急ぎで翻訳したために、訳語を統一する暇が、なかったのだった。

日本国憲法の原案は、総司令部の部員が遊戯のようにしてつくった。そのなかに憲法学はおろか、法律の専門家が、一人もいなかった。

日本語訳も急がされた。草案も、翻訳も、即席《インスタント》だった。

このような欠陥が多い即席憲法を、まるで御神体のように崇めてきたのは、異常なことだ。

憲法がいい加減だから、戦後の日本は何ごとについても、真剣味を欠いた国となってしまった。

もし、日本が民主国家であるならば、自分でつくった憲法を持たなければならない。

日本だけに「自主憲法」という言葉があるが、このような言葉は世界のどこにもない。憲法が自主的に制定されるのは、あまりにも自明のことだからだ。

日本が独立を回復してからも、日本がつくった憲法ではないのに、今日まで「日本国憲法」と呼ばれているのも、不思議なことだ。

日本国民はアメリカの軍事保護のもとに安住するうちに、アメリカの膝《ひざ》の上に乗って、満足しきった猫のように、喉《のど》を鳴らすようになった。

安保法制を巡って、国会を取り巻いて「平和、平和」「護憲、護憲」と叫んでいた声は、拾われてきた猫が、喉を鳴らしているのに似ていた。

アメリカが占領下で憲法を押し付けたのは、国際法に違反していた。国際法は占領下で、戦勝国が敗戦国の基本法を改めることを、禁じている。

占領下の日本は、自国の国旗を掲げることすら、許されなかった。

日本の座る文化

それにしても、どうしてこのような欠陥だらけの憲法が、定着してしまったのだろうか。この憲法は制定されてから、七十年にわたって、日本に居座っている。

日本人は素早く動くことが、苦手なのだ。

私は日本が〝座る文化〟であるのに対して、ユダヤ・キリスト・イスラム社会が〝動く文化〟だということが、その裏にあると思う。ユダヤ教から、キリスト教が生まれ、ユダヤ・キリスト教の母胎から、さらにイスラム教が生まれた。

日本には「神が鎮まっている」という、言葉がある。日本の神は、静的なのだ。神が「鎮まる」という表現は、日本だけのものだ。日本では神は「鎮座」しているが、ユダヤ・キリスト・イスラムの神は、能動的な神だ。

西洋の神は、ギリシャ語で「空気」「息」を意味する、「プノイマ」だといわれる。一ヶ所に留まることがなく、風のようにつねに動いている。「ダイナミック」の語源は、ギリシャ神話の神の一つである、「デュナミス」に発している。

日本には「座」という言葉がある。「社長の座」から、「妻の座」まである。みな、それぞれ、自分の「座」を持っていて、その座に対して敬意が払われる。社長も、妻も、その座から動くことなく、そこに鎮まっているという、考えかたがある。

日本ではトップに立つ者は、動かなくてもよいという考えが、強かった。頂点に〝立つ者〟というより、〝座る者〟といったほうがよかろう。

社長の座とか、妻の座とかいわれるが、座に据《す》えられた人よりも、座のほうに値打ちがある。

私の仕事場にときどき約束なしに、「ちょっと、そこまで参りましたので、ご挨拶にお寄りしました」といって、現われる人がいる。

突然、たずねられてこられても、相手をしなければならないから、忙しい時には困るものだ。

相手がいるかどうか確めないで、訪問するというのは、相手がかならずその座にいることを、前提としているにちがいない。日本は「座る文化」なのだ。不在だったら、名刺か、菓子箱を置いてゆくが、座に対する供え物なのだろう。

日本国憲法が公布されてから、ヨーロッパ諸国であれ、アメリカであれ、多くの国が憲法を何回も改めている。

日本人は動かない静的なものに対して、憧れを抱いている。この意味では、日本国憲法は天皇制に似るようにすらなっている。いつの間にか、現憲法は天皇制に近い力を持つようになってしまった。

現行憲法の嘘

現行憲法は、戦後の日本の他に類例のない平和主義を、体現したものとされている。

今日では、国民の大多数によって、戦後の平和主義が先の大戦における惨憺《さんたん》たる敗戦の反省か、反動として生まれたものであると、信じられるようになっている。

しかし、これは嘘だ。事実にまったく反している。今日では、国民の多くが、この大嘘を信じるようになっている。

先の戦争に敗れてから、かなりのあいだにわたって、戦争の記憶が風化することがなかったから、国民が物量の差で戦争に敗れたのであって、日本だけが悪くなかったことを、知っていた。占領下で独立を奪われたものの、独立国の国民としての気概を、保ち続けた。

日本国憲法が公布されてから、かなりの期間にわたって、日本国民がこの憲法を双手をあげて歓迎したという証拠は、どこを探してもない。

その証拠として、朝日新聞をはじめとする新聞は、長いあいだ、五月三日の憲法記念日が巡ってくるたびに、憲法改定の必要について論じてきた。

日本国憲法が公布されたのは、一九四六（昭和二十一）年十一月三日のことだった。

この日、皇居前広場に十万人の都民が集まって、新憲法公布記念の祝賀都民大会が開かれた。ソフト帽をかぶられた昭和天皇と皇后が、馬車で二重橋を渡られ、群衆の歓呼に応えられた。

翌日の朝日新聞の社説は、こう述べている。

「憲法は、国家の基本法であるから、しばしば改正することは、もとより望ましいことではないが、人民の福祉のために存在する法律である以上、恒《つね》に生命のあるものとしておかねばならない」

「慎重は要するが、憲法改正については、国民として不断の注意を怠らないよう心掛けるべきである」

一九五二（昭和二十七）年の憲法記念日には、日本はすでに独立を回復していた。

この日の朝日新聞の社説は、「再軍備の問題をきっかけとして、いま憲法を改正すべきか否かについて、各人各説の論議が行われている。一つの国家が一つの憲法をもって、これを永遠に貫くことは出来ないであろう。

いかにも情勢の変化には対応しなければならぬ。しかし、果たしてその変化が、憲法を改めなければならないほどのものか、改めるに価するものかを、いまだに見きわめるに至っていない。改めざるを得ないことになるにしても、憲法を守る努力がなされて、そのうえで改めるのと、ずるずるふんぎりもなく改めるのとでは、改正の意義を生かす上に格段の差がある」と、主張している。

翌年も、朝日新聞の論調は同じものだ。

「われわれはあくまでもこの民主憲法を擁護してゆかねばならないが、それは各条項の一字一句を、そのまま永久に踏襲していかねばならないということではない。しかし、改正意見を軽々に提出する前に、もう一度、新憲法をよく読み返す必要があるのではあるまいか。すみずみまで再読して、これをはらの中で十分にこなして、われわれの血とし、肉とした上で、改正すべき点があれば、改正点を考えてみるのがよかろう」と、論じている。

朝日新聞は八回目の憲法記念日に当たって、「憲法八周年に想う」と題する社説で、「憲法改正論と擁護論との論争は、もっぱら再軍備問題に集中されている感があるが、論点はこれに尽きるものではない。憲法の各条文にわたって子細に検討を加えれば、その個々の内容において、手を加えるべき余地の存するものがあることは、あながち否定できないのである。

憲法改正論が結局、全面的な改正論となり、それはとりもなおさず新憲法の制定を目指すことになるのも、その当然な道程であろう。(中略)最近各方面からの文献によって、憲法制定の過程が次第に明らかにせられつつあるが、それが『占領憲法』の形態をとった事実は、確かにこれを認めざるをえない」と、述べている。

そして、再軍備については、「終戦後十年を経た国際情勢は、(中略)わが国をして、再び自衛の武装を余儀なくせしめたのである。しかし、これは断じて平和憲法の責任とはいえない」と、論じている。

揚げ足をとりたくないが、平和憲法の責任ではないというのは、じつに奇妙な発想だ。社説は「これを改正するも、それを擁護するも、一人一人の国民の決意如何にかかわることなのである」と、結んでいる。

なぜ日本国憲法は定着したのか

いったい、日本国憲法はどのようにして、国民の間に定着するようになったのだろうか。

その後、朝日新聞の論調が「憲法改正について不断の注意を怠らないように」（昭和二十一年）といったのから、しだいに護憲へ傾いてゆき、ついには宗教的といえるような護憲主義を、とるようになった。

憲法記念日ごとの社説を読んでゆくと、護憲主義が、前の戦争の惨禍に対する反動から生まれたものではなく、日本国民がアメリカの軍事保護にしだいに慣れていって、アメリカの保護を天与のものだと錯覚するうちに、今日のような平和主義が強まり、支配的になったことを示している。

日本国憲法は、第二次世界大戦中のアメリカの思惑から、生まれたものだった。

人間生活では、あらゆるものが相対的なものであって、流動しているから、人が状況に合わせてゆかねばならないはずだ。憲法も生活の道具の一つである。憲法も人間生活の手段であって、憲法のほうが目的になってはならない。

それにもかかわらず、現行憲法を墨守するのは、中世的で、不合理な不動の宇宙観を持っているのに均しい。

戦後しばらくの間、新聞が憲法記念日ごとに、憲法改正についてかならず論じたのに、憲法はいつの間にか、イスラム教徒にとっての〝コーラン〟のように、国民を固く縛るものになってしまった。

なぜ、日本人は動かないものに対して、憧れるのだろうか。

私たち日本人には、どこか無意識に満場一致を求める心情が、働いている。コンセンサスに従おうとする力が、強く働く。戦前の神国思想のように、得体の知れないものが、コンセンサスとして権威をふるって、横行する。

日本では、ほんとうは不十分なものであるのに、そのものにあたかも大きな力が備わって、権威があるかのように、まわりからつくり上げてしまうことがみられる。

日本では、なぜ、人々が得体も知れないものに、寄りかかるのだろうか。

このようなことは、ほとんどの日本人が成熟した自己を持っていないことから、起こることだ。

ハロウィンの大騒ぎをみても、バレンタインのチョコレートの騒ぎをとってみても、付和雷同しやすい。

大多数の日本人は不十分な、中途半端な自我形成しか、行われていない。多くの日本人にとって、自我の中心は、自分のなかにあるよりも、集団のなかにある。

自分を一人ぼっちの人間として、意識することがなく、自分が属している集団の部分としてみる。しっかりした自分を、確立することがない。

そこで、得体も知れないコンセンサスによって、支配されてしまうことになる。

日本では、首相にせよ、大企業の社長にせよ、周囲がつくることが多い。首相、社長本人が自分の力によって、その地位をかちとるよりも、まわりがその人をそのようにつくるということが、みられる。

集団が中心を探り合ううちに、コンセンサスの中心としての役割が、ある人や、ものに与えられてしまう。

かつて、鈴木善幸首相が、マスコミによって「暗愚な帝王」と呼ばれたが、そのような人物が首相として担がれることが、しばしば起こる。

最近では、鳩山由紀夫首相、菅直人首相がまったくのミスキャストだった。日本国憲法も、「暗愚な憲法」なのだ。

自虐史観は日本国憲法の影響

現憲法の基本精神は、憲法の前文にそう述べられているように、日本以外の諸国民が、みな、そろって善良な人々であるという、まったく怪しげな前提に立っている。

世界のなかで、このような自虐的な憲法を持っているのは、日本だけである。

日本で自虐史観が蔓延《はびこ》っているのも、きっと日本国憲法から発しているだろう。

日本さえ――自分だけ抑えつければ、世界が平和になるというのだが、自分だけに性悪説を当てはめ、他人についてすべて性善説をとっているというのは、精神的に不健全きわまりない。

禁治産者になったことを、得意になって、誇りにしているようなことだ。

私たちは社会生活において、自尊心をまったく欠いた卑屈な人を、まともに相手にしないものだ。

私は子どもたちには、人類がみな仲良しになれるというお伽話《とぎばなし》を、信じてほしいと思っている。しかし、成人になったら、日本国憲法にあるような幼児の夢を、捨ててほしい。

寄生虫の平和

日本国憲法は制定の経緯からいって、一国の憲法であるよりも、憲法の形を装った不平等条約なのだ。

その後、朝鮮戦争が起るなど、米ソの抗争が募るなかで、日本はアメリカにとって敵国から、同盟国へと変わった。そこで、新憲法と一対のものとして考えられた講和条約案は、陽の目をみることがなかった。

サンフランシスコで結ばれた対日講和条約は、きわめて寛大なものとなった。

アメリカは一九四六（昭和二十一）年三月に、現憲法を受け容れることを、強要した。

この三月はじめに、閣議が憲法改正政府草案を承認したときの模様が、幣原内閣の厚生大臣で、のちに首相となった芦田均氏の日記に、生き生きと描かれている。

「午前九時十五分、閣議を終了。閣議終了の直前、幣原首相は特に発言を求め、次のようにいわれた。『かような憲法草案を受諾することは、極めて重大な責任である。おそらく、子々孫々に至るまでの責任であろうと思う。この案を発表すれば、一部の者は喝采するであろうが、また一部の者は沈黙を守るであろう。しかし、深く心中、われらの態度に対して憤激を抱くに違いない』。この発言に閣僚の中には、涙をふいたものが多かった」

現憲法は閣僚の涙のなかに、成立したのだった。

ある国から独立を奪うために、保護条約を結ぶ時には、かならず国防権を剥奪する。アメリカによって強要された現行憲法は、憲法の形を装った保護条約であった。それ以来、日本はアメリカの「寄生国家」となった。

「平和憲法」というのは、「寄生虫の平和」でしかない。

「日本国憲法」と呼ばれているが、軍事力を永久に保有することを禁じることによって、日本が国家であることを否定しているから、撞着語《どうちゃくご》である。撞着語は前後が矛盾しているために、つじつまが合わない言葉だ。

いまの日本人は人生が楽の連続であるべきだと考えて、誰もが幸福になる権利を持っていると、思っている。

人々が「幸福を求める罪」によって、蝕《むしば》まれている。幸せを安易に求めては、なるまい。幸せは、あくまでも努力した結果として、もたらされる。

日本は誇り高き国だった

文久三（一八六三）年といえば、あと五年で明治元年となった。

日本は西洋の列強の脅威のもとで、まさに亡国の危機に直面していた。坂本龍馬といえば、未曽有の危機によって見舞われていた日本を救うために、立ち上がった志士の一人だった。

この年に、龍馬は姉の乙女に手紙を送って、「日本を今一度せんたくいたし申候《もうしそうろう》」と、記した。

龍馬は「乙姉」と呼んだが、乙女と志を分かちあい、慕っていた。幕末の志士を支えた、女の一人だった。

いまの日本は、戦後七十年の垢《あか》がたまって、塵芥《ちりあくた》にまみれてしまっている。私が少年だった時代には、夢にもみられなかった物質的な豊かさが人々を狂わせて、足もとを見ようとしない。

このままゆけば、日本は亡国の奈落へ転落しようとしている。私たちは国難に雄々しく立ち向かうことを、求められている。

おとなも、子どもも、老人も、我儘《わがまま》に振る舞うことが、当然だと思っている。そのために、日本は背骨がない国となった。芯がない国は、滅びてしまう。

先人たちが長い歴史を通して、この国のしっかりとした背骨をつくってきた規律や、忍耐心が、失われるようになっている。

かつて、日本人は誰もが美しい心を持っていた。日本は自立心を失わない、誇り高い国だった。

安土桃山時代から、明治まで日本を訪れた西洋人は筆を揃えて、日本人を賞賛してやまなかった。

幕末から明治にかけて、近代日本を創りあげた日本人は、どこへ行ってしまったのだろうか。

いま一度、日本を洗濯して、七十年の垢と埃《ほこり》を、さっぱりと洗い流さなければならない。

コンビニへ戻ると、「エデンの園」のようだ。

飽食《ほうしょく》の時代のなかで、コンビニをそぞろ歩いている多くの男女が、日本が国であるという意識を欠いてしまって、国民であることを忘れて、ただ、その日その日の生活だけを思っている生活者になっているのではないかと、思う。

第六章　国連という危険ドラッグ幻想

「国際連合」は誤訳

国連——国際連合は、日本国憲法の延長である。

ところが、「国際連合」という名称の国際機関は、世界のどこを探してみても、存在していない。

それなのに、世界のなかで、日本ほど国連に対する憧れが、強い国はない。

国連は「平和の殿堂」として、多くの日本国民にとって、平和憲法と並んで信仰の対象となってきた。

そのかたわら、歴代の政府が「国連中心主義」を、日本の外交の基本方針とすることを、宣明してきた。

だが、大多数の日本人が国連について、よく知らない。

まず、困ったことに、「国際連合」という国際機構は、どこにも存在していない。

「国際連合」も、「国連」も、「ジ・ユナイテッド・ネーションズ」の誤訳である。国連は日本人の頭のなかだけに、存在しているのだ。

「国際連合」と「連合国」

もっとも、日本では「国際連合」とか、「国連」という呼称が、すっかり定着してしまっているから、ここでは便宜のために、「国連」という呼称を、用いることにしたい。

国連は、その公用語のひとつである英語では、「ジ・ユナイテッド・ネーションズ」THE UNITED NATIONSと、呼ばれている。

「チャーター・オブ・ジ・ユナイテッド・ネーションズ」である国連憲章は、日本がまだ連合国を相手にして、第二次世界大戦を戦っていた一九四五（昭和二十）年六月に、五十一ヶ国の諸国によって、サンフランシスコにおいて調印された。

国連憲章は、外務省による正訳では、今日でも「われら連合国の人民は……」（ウィー・ザ・ピープルズ・オブ・ジ・ユナイテッド・ネーションズ、WE THE PEOPLES OF THE UNITED NATIONS……）という言葉から、始まっている。

ここでは、「ジ・ユナイテッド・ネーションズ」が、「連合国」と正しく訳されている。

そして、「われらの一生のうち二度まで言語に絶する悲哀を人類に与えた戦争の惨害から将来の世代を救い……」と、続いている。

ところが、文中では「ジ・ユナイテッド・ネーションズ」が「連合国」と訳されているのに、「チャーター・オブ・ジ・ユナイテッド・ネーションズ」CHARTER OF THE

UNITED NATIONSは、なぜなのか、「国際連合憲章」と訳されている。

翻訳に当たっては、同じ言葉を同じように訳さなければならないのが、鉄則であるのに、これは何とも奇妙なことだ。

そうなると、いったい、二つの訳語のうち、どちらのほうが正しいのだろうか？

ニューヨークのマンハッタンのイースト川《リバー》に面して、三十九階建てのガラス張りの本部が建っている「ジ・ユナイテッド・ネーションズ」は、正しくは「連合国」なのだ。

国連が誕生した時から、英語、フランス語、スペイン語、ロシア語、中国語の五つの言語が公用語となってきた。

現在では、公用語にアラビア語が加えられて、六ヶ国語となっている。

中国語では、「ジ・ユナイテッド・ネーションズ」は、当然のことに「連合国《リエンホーグォ》」である。

国連の生い立ちからいって、日本語でも「連合国」と呼ぶべきだ。

日本は中国と同じ漢字圏に、属している。「連合国」は日本語でも、先の大戦中から常用され、十分に馴染んできた言葉である。韓国と北朝鮮においても、国連を指す言葉として、「連合国《ヨナブグク》」を用いている。

同じ敗戦国であるドイツでは、ドイツ語でかつての国際連盟が「ディ・フルカーブンド」

Die Volkerbundであるのに対して、国際連合はドイツが戦った連合国と変わらない、「ディ・フェアインテ・ナツィオネン」Die Vereinte Nationen（連合国）と呼ばれている。「フルカー」が民族、「ブンド」が「連盟」であり、「フェアインテ」は「連合」、「ナツィオネン」が「国」を意味している。

イタリア語でも「レ・ナツィオニ・ウニテ」Le Nationi Uniteであって、そのまま「連合国」である。

日本人は不愉快な現実から、眼をそらすために、言葉をいい換えることによって、現実から眼を閉じる習癖がある。

「ジ・ユナイテッド・ネーションズ」という呼称が、連合国を指す言葉として、初めて採用されたのは、一九四二（昭和十七）年一月一日のことだった。

この日、日本、ドイツ、イタリアなどの枢軸諸国と戦っていた二十六ヶ国の代表が、ワシントンに集まって、「連合国宣言」を発した。

この名称は、このワシントン会議を主宰したフランクリン・D・ルーズベルト大統領が、提唱した。

ルーズベルトが、このワシントン会議において演説し、日本や、ドイツと戦っている同盟諸国を、「ジ・ユナイテッド・ネーションズ」と呼ぼうと、提案したことによった。

これ以後、アメリカの新聞や、ラジオは、連合国を指す言葉として、「ジ・ユナイテッド・ネーションズ」を常用するようになった。

したがって、日本は一九四一（昭和十六）年十二月から三年八ヶ月にわたって、「ジ・ユナイテッド・ネーションズ」、または連合国を相手にして、戦ったのだった。

東京をはじめとする日本の都市に、国際法を踏み躙《にじ》って、絨毯《じゅうたん》爆撃を加え、広島、長崎に原子爆弾を投下したのも、「ジ・ユナイテッド・ネーションズ」（連合国）の空軍だった。

あるいは、今日、日本で定着してしまっている「国際連合」という言葉を用いるならば、国連の空軍が、日本の都市に、毎日、残虐きわまりない爆撃を加えたのだった。

「ジ・ユナイテッド・ネーションズ」は、第二次世界大戦を戦っていた、一方の軍事同盟の呼び名である。

「平和を愛する国」の条件

国連が結成される時に、日本と戦っていることが、加盟資格とされた。国連は、全世界のあらゆる国々を、網羅しようとしていたわけではなかった。

国連への加盟資格について、国連憲章第四条によって、「すべての平和愛好国」と規定されたが、「平和を愛好する国」の条件として、一九四五（昭和二十）年三月一日までに、日本、ドイツをはじめとする枢軸国に対して、宣戦布告していることとされた。

そのために、いくつもの国が、国連に加盟するのに必要な「平和を愛好する国」として資格をえるために、日本とドイツに急いで宣戦布告した。

南アメリカを例にとれば、大戦中に中立を宣言していた六つの国が、三月一日の期限までに、日本とドイツに対して、慌てて宣戦を布告した。国連は戦争機構として発足したのであって、平和機関として産声《うぶごえ》をあげたのではなかった。

マンハッタンの東岸にたっているのは、連合国《ジ・ユナイテッド・ネーションズ》の本部なのだ。潘基文事務総長は、「国連事務総長」ではなくて、「連合国事務総長」なのだ。

当初は日本でも「聯合國」

日本でも、「ジ・ユナイテッド・ネーションズ」は、一九四五（昭和二十）年十一月までは、「聯合國《れんごうこく》」と訳されていた。国連憲章――正しくいえば、連合国憲章――を起草するために、この年の四月に五十ヶ国の連合国の代表が、サンフランシスコに参集した。

この時、日本の外務省は当然のことに、「ジ・ユナイテッド・ネーションズ」を、「聯合國」と訳した。（聯は、連の旧字である。）

昭和二十年四月二十五日付の朝日新聞を手にとれば、一面に「敵上原、棚原で攻勢　沖縄本島　十九日以降　敵の出血六千」「神風特攻隊と荒鷲　敵艦船群を猛攻」という見出しが、躍《おど》っている。

その左下のほうに、「桑港會談《かいだん》　けふ開く　群小國驅り集めて四十六ヶ國　筋書どほり果して躍るか」という見出しがあって、「國際機構審議聯合國會議と彼等が銘打つ桑港會談……」と、記事が始まっている。桑港は、サンフランシスコのことである。

その後も、「ジ・ユナイテッド・ネーションズ」は、一貫して「聯合國」と訳されていた。

八月九日付の朝日新聞を読むと、一面に「李鍝《りぐう》公殿下　広島市で御戦死」、「沖縄北飛行場を連襲　わが攻撃隊殺到」という見出しが目に入る。

そして、「聯合國安全保障中間委員會」という見出しがあって、「ロンドン特電＝桑港會談において設置を決定された聯合國安全保障機構の中間委員會は恒久的国際機構設置準備のため来る九日ロンドンで第一回の會合を行ふことになつた……」と、報じている。朝鮮王族の李鍝公殿下は、広島の原爆投下によって、戦死された。

日本が敗れた後も、十一月六日付の朝日新聞に、「世界共通の教科書　聯合國文化會議で提案」という、見出しがある。

記事は、「聯合國教育文化機構の第一次會議は……」から、始まっている。今日、黒柳徹子さんが大使となって活躍している、ユネスコ（国連教育科学文化機関）のことである。

隠された国連の本質

ところが、十一月二十七日の紙面から、なぜなのか、「聯合國」が「國際聯合」とも訳されるようになっている。

「國際聯合總會《とうかい》は一月」という、小さな記事だが、「〔ロンドン二十五日発UP＝共同〕聯合國準備委員会は二十六日、小國代表中から委員長を選挙する予定を発表した。なほ國際聯合第一回總會を明年一月開くやう準備をすすめてゐる」と報じている。

どうして、突然のように、「國際聯合」という訳語が、現われたのだろうか？

短い記事のなかで、「聯合國」と「國際聯合」と、異なって訳しているが、きっと「國際聯合」という新語がつくられたために、外電を翻訳した外信部の記者の頭のなかが、混乱してしまったのだろう。

「聯合國」を「國際聯合」といい換えたのは、戦争中に帝国陸軍が「退却」を「転進」といい、敗戦後、「敗戦」を「終戦」、「占領軍」を「進駐軍」とすり替えて呼んだように、外務省のなかに小賢しい役人がいて、「聯合國」と訳すると屈辱的なので、戦前あった「國際聯盟」をもじって、「國際聯合」と呼び換えたのだった。

そのために、今日に至るまで、日本国民の目から、国連の本質が隠されてしまった。

国連は、日本とその盟邦に対して戦った、〝戦勝国クラブ〟なのだ。

国連憲章の「敵国条項」

だから、国連憲章には、日本などの枢軸諸国を対象とした「敵国条項」がある。

「第五十三条　1　安全保障理事会は、その権威の下における強制行動のために、適当な場合には、前記の地域的取極又は地域的機関を利用する。但し、いかなる強制行動も、安全保障理事会の許可がなければ、地域的取極に基いて又は地域的機関によってとられてはならない。もっとも、本条2に定める敵国のいずれかに対する措置で、第百七条に従って規定されるもの又はこの敵国における侵略政策の再現に備える地域的取極において規定されるものは、関係政府の要請に基いてこの機構がこの敵国による新たな侵略を防止する責任を負うときまで例外とする。
2　本条1で用いる敵国という語は、第二次世界戦争中にこの憲章のいずれかの署名国の敵国であった国に適用される。」
「第百七条（旧敵国に関する行動）この憲章のいかなる規定も、第二次世界戦争中にこの憲章の署名国の敵であった国に関する行動でその行動について責任を有する政府がこの戦争の結果としてとり又は許可したものを無効にし、又は排除するものではない。」

日本国憲法を読むよりも、国連憲章を読んだほうが、日本が世界のなかで置かれた現実を、理解することができる。日本国憲法が幻想的な読み物であるのに対して、国連憲章は現実の世界に引き戻してくれる。

先の国連憲章第五十三条と百七条は、回りくどい言葉で書かれているが、国連の原加盟国であれば、どの国であっても、日本をはじめとする旧敵国が、不穏な動きをみせたと判断した場合には、国連に諮《はか》ることなく、独自に判断して、いつでも、自由に軍事攻撃を加えてよい、というのだ。

たしかに、今日の国際環境のなかで、現実にそのようなことが起ることは、考えにくい。

だが、もし、日本の首相が靖国神社に参拝して、中国が日本に不穏な動きがあったと判断して、日本に軍事攻撃を加えたとしても、合法的なことになる。

国連信仰の弊害

日本では、国連に対して宗教的なといえるような信仰心を、抱いている者が多い。

しかし、もし、戦後、国連を「連合国」と正しく訳し続けていたとしたら、日本で今日のような国連信仰がひろまることがなかったに、ちがいない。残念なことである。

「鰯《いわし》の頭も信心から」といって、鰯の頭のようなつまらないものであっても、信仰してしまうと、ひどくありがたいものとなるといわれるが、日本の国連信仰に当て嵌《は》まる。

日本の地方のなかに、地域興しの一環として、国連機関を誘致することを、望んでいるところがあるが、「連合国」であったとしても、そうするものだろうか。

一九七五（昭和五〇）年に、日本政府が税金を使って誘致して、東京に国連大学が開設された。しかし、もし、「連合国大学」だったとしたら、誘致することはなかったろう。

私自身は、国連に好意を抱いてこなかった。国連は、好意が抱けるような国際機関では、とうていなかった。

国連の神経中枢は、安保理事会であって、創立当時から、安保理事会で拒否権を持つ、アメリカ、ソ連、イギリス、フランス、中国の五つの常任理事国の足並みが揃わないかぎり、国連の意志が麻痺《まひ》してしまう。国連は国際危機に当たって、頼りになるような存在ではない。

国連中心主義という妄想

日本ではつい五、六年前まで、「国連中心主義」という言葉が、国民の頭を支配していた。ところが、困ったことに、「国連中心主義」という奇怪な言葉は、英訳することが、まったくできない。

首相が施政方針演説を行うと、外務省が英訳して、在京の諸国の大使館に配布する。長いあいだにわたって、首相の施政方針演説のなかに、「国連中心主義」という言葉が、きまったようにでてきた。英訳しようがないために、仕方ないから、「国連を重視する主義」と訳していた。

国民の多くの者が、「国連中心主義」という幻想というよりも、妄想にとりつかれて、日米防衛関係や、日本独自の防衛努力を軽くみてきた。

国連は、五つの常任理事国の意志が一致しないかぎり、機能しないから、中心を欠いている。

「国連中心主義」といってみたところで、いったい中心がないものを、どうして中心にすることが、できるものなのだろうか。中心がないものに、寄り掛ったとしたら、大怪我《おおけが》する。滑稽だとしか、いえない。

国連はスロットマシンに、よく似ている。

スロットマシンは、さまざまな果物の絵があって、把手《とって》を引いて、同じ果物の絵が一列に並ぶと、当たりになって、硬貨がでてくる。

だが、よほどの僥幸《ぎょうこう》に恵まれないかぎり、同じ絵が一つに並ぶことはない。

「平和外交」という言葉も、英語に訳することができない。外交は、平和的な手段を用いて、交渉することだ。

「馬から落ちて、落馬した」というようなものだ。戦後の日本人は、何でも上に「平和」をつけさえすればよいと、思っている。

安保理事会の五つの常任理事国には、「拒否権《ビトー》」が与えられており、自国にとって都合の悪い決議を、葬ることができる。

中国か、ロシアが日本に対して攻撃を加えた場合に、日本が国連に訴えて、泣きついたところで、中国か、ロシアが、かならず拒否権を行使するから、国連は日本を見殺しにする。

これまで、日本に国連信仰が根を張ってきたが、非武装中立論に対する憧れと、同じものだった。

アメリカが、国連の産みの親だった。国連が結成された時には、世界平和にとって重大な問題について、安保理事会の五つの常任理事国が協調することを、前提としていた。大戦後は主要国が、同じ価値観を分かち合うという、大戦が終結する直前のアメリカの誤った楽観から、生まれたものだった。

国連も、人間がつくったものであるから、まさか、神性を帯びているようなものではない。国際政治も、子どもの世界も、まったく変わらない。そう思ったほうが、国際政治をよく理解できる。

国際政治の現実

日本では国際政治というと、何か高尚なもので、手の届かない遠いところで行われているという、イメージが強い。多くの日本人が、国際政治を上品なものだと思っているが、下品なものだというほうが、現実に近い。

日本では歴史を通じて、概して善政が施かれてきた。中国や、朝鮮でみられたような過酷な政治が、行われることがなかった。

徳川時代の日本をとれば、三百あまりの藩か、国々に分かれていたが、為政者は総じて真面目で、領民を大切に扱って、節度があった。

このために、日本人は外国についても、同じイメージを描きがちである。ある国が国家の外見をなしていて、政府があれば、まっとうな国であると、思ってしまいやすい。

しかし、私たちの周囲でも、同じ人間のなかに、強盗もいれば、詐欺師もいるように、国家指導者にも、泥棒や、殺人者や、狂気に駆られた者がいる。

国際政治も、私たちと同じように風邪をひき、腹のなかに回虫がいる人々が、行っている。外交文書といっても、商業文や、ラブレターと、変わりがない。私たちにとって、きわめて身近な世界である。

国際政治は、子どもの世界に似ていて、〝いじめっ子〟がいるものだ。日本で学校における「いじめ」が、しばしば、社会問題として取り上げられる。

子どもの社会の「いじめ」は、いつの時代にも存在するものだ。子供の時代のいじめも、人づくりに当たって、教育の一つとして、必要なものだ。

おとなの社会でも、いじめが日常的に行われている。徒党を組んだり、派閥を組むとか、気に入らない者を中傷したり、競争相手を蹴落としたりする。子どもも、おとなも、変わらない。

いじめがまったくない環境で育った子どもは、いくら善意に溢《あふ》れていて、善良であったとしても、ひ弱で、頼りなく、社会に出てから、まともに生きてゆくことができない。いじめを体験することによって、子どもは適当な狡《ずる》さと、ある程度の逞《たくま》しさを、身に付けるものだ。

国際社会の場にも、いじめっ子がいる。人間の世界だから、そう変わるものではあるまい。

ところが、日本国憲法はいじめっ子がいない世界を、想定している。そのために、人間世界の現実から、大きく遊離している。

ひ弱な国家は、生存できない。国家には、逞しさが必要だ。

世界のなかで、日本だけが、国連というと、諸国が睦《むつ》み合う場だと思っているが、世界中、どの国も国連といえば、諸国が国益を主張して、角を突きあう、ボクシングのリングのような闘争の場だと、みなしている。

日本は戦後、アメリカの絶対的な軍事保護のもとで、いじめを知らずに、育ってきた。

アメリカという保護者のもとで、すっかり過保護な子どもになってしまった。

そのうえ、アメリカによる保護を、天与の平和であるとして、取り違えてしまったから、救われない。

だが、世界はいまだに弱肉強食のジャングルに、似ている。

どの国家であっても、野性味を帯びているべきものなのに、日本は家畜か、ペットのような、飼育された国になってしまった。

独立国としては、したたかさと、野性味を持っていなければなるまい。

軍人のいない首都

東京は世界のなかで、きわめて異常な都市になっていると、思う。

一つは、飼い犬を散歩させている善男善女と、よく行きかうが、雑種の犬を見かけることがない。犬といえば、どれもブランドの純血犬ばかりである。

もう一つは、アメリカであれ、フランスであれ、インドネシア、中国であれ、どの国の首都であっても、その国の軍人が制服を着用して市街を闊歩《かっぽ》していたり、レストランで食事をしているところを、見かけるものだ。ところが、東京で制服を着た自衛官に、出会うことがない。

どうして、ブランドの犬ばかりなのだろうか。制服を着た自衛官を見かけることがないのも、日本が逞しさを失ってしまったからなのだろう。

国民が自衛隊に親しみを抱かないのも、制服の自衛官が身近にいないからだ。これでは、少年男女が自衛隊に憧れるはずがない。

日本が過保護のペットのような国に、なってしまったのだろうか。ジャングルのような世界のなかで、ひとり歩きしたら、すぐに肉食獣の餌食となってしまおう。

言葉のすり換えで誤魔化した現実

日本国民は「連合国」を「国際連合」、「敗戦」を「終戦」、「占領軍」を「進駐軍」と言い換えるように、現実を誤魔化して、それがあたかも現実であるように、すり替えることに、長《た》けている。

明治に入るまでは、四つ足――獣肉を食べることが、許されなかった。そこで、猪を

「山鯨」と呼んで賞味し、兎が鳥だということにして、「一羽、二羽」と数えて、自分を騙した。

江戸時代の遊里だった吉原は、徳川幕府が江戸を開いた時に、遊女を集めた売春地区――郭《くるわ》としてつくったが、葦《あし》が群生していたことから、もとの地名が「葦原《あしわら》」と呼ばれていた。

売春という悪事を働くのだから、じつにふさわしい地名だったが、それでは「悪《あ》し原」に通じてしまうから、吉原に改めた。

いまでも、宴席が終わる時に、「これでお開きにします」という。「開く」といえば、開宴を意味しているはずだ。だが、「終わる」というと縁起が悪いので、験《げん》を担いでそういうのだ。

このような例は、多い。だが、猪を山に棲《す》んでいる鯨に見立てたり、僧侶が酒を「般若《はんにゃ》湯《とう》」と呼んで嗜《たしな》んだり、獣肉を口にしたり、酒を飲むために、言葉をすり替えたり、験を担いでいるだけなら、害がないからよい。

しかし、いい換えることによって、現実から目を塞《ふさ》ぐことになると、躓《つまず》いて、大怪我をすることになってしまう。

本来、自衛隊は軍である。それなのに、軍を「自衛隊」といい換えているのは、仏僧が酒を「般若湯」だと呼ぶのと変わりがないといって、笑っていられない。

自衛隊と呼ぶことによって、軍の紛《まが》い物にして、それでよしとしているのでは、国が危ない。

国民から孤立した自衛隊

軍が存在しない国家は、中米の小国であるコスタリカを除けば、存在しない。どのような国であれ、軍が存在して、国を護ることは、国民の神聖な義務となっている。

ところが、日本では自国の安全を「諸国民の公正と信義」(憲法前文)に委ねているから、国民が国防について関心を向ける必要が、まったくない。

国防は、国民が強い関心を持つことによって、はじめて成り立つ。

自衛隊は、いい換えが多すぎる。「普通科」とか、「特科」といって、国民のなかでわかる者が、何人いることだろうか。

「普通科」は正しくは歩兵のことであり、「特科」は砲兵である。

自衛隊員の階級の呼称も、判じ物としかいえない。一般の国民が、わかるはずがない。

将校は「幹部」、下士官が「曹」「陸曹」「海曹」「空曹」と呼ばれ、兵が「士」であって、「陸士」「海士」「空士」となる。

国民の大多数にとって、「三尉」「一士」「一佐」「士長」「三曹」といっても、あずかり知ることがない世界だ。

これでは、国民が国防に親しむはずがない。いい換えることによって、自衛隊を国民のなかで、孤立させている。

どうして、「普通科」「特科」という呼称に、こだわっているのかといえば、歩兵、砲兵の「兵」が、禁句《タブー》とされているためである。

しかし、憲法が自衛のために、自衛隊の存在を認めて、自衛隊が合憲だと解釈しているのなら、自衛のために「兵」がいてはならないというのは、おかしい。

もっとも、私は憲法第九条を、どのように読んでみても、自衛隊が違憲だと考えている。憲法は、「戦力」を保有することを禁じており、自衛隊が戦力であるということは、疑いない。

だが、現行憲法が現実に違反しているから、国民の権利と生命を守るために、自衛隊が存在することは、許されよう。

世界で憲法といえば、アメリカのような成文憲法と、イギリスのような不文憲法の二つがあると、いわれる。

私は日本は世界で三つ目の種類の憲法を、つくりだしたと、思っている。日本は憲法を自由自在に解釈してきたから、人類史上で最初の「解釈憲法」を加えたのだ。

自民党が一九五五(昭和三十)年に結党された時に、「憲法改正」を党綱領の重要な柱として、掲げた。

それならば、自衛隊が合憲であるということはなく、結党してからすぐに、「自衛隊は現行憲法のもとで、違憲である」といって、国民に憲法改正の是非を問うべきだった。

国民の圧倒的多数が、「軍隊がなければ、日本の安全を守ることができない」と判断しただろうから、もっと早い時期に、憲法改正が実現していたはずだ。

自衛隊員が「軍人」ではなく、一般公務員でしかないために、国民から敬意を払われることがない。

自衛隊では「兵科」という言葉も、使われない。「職種」というが、一般企業のようではないか。

防衛省や、駐屯地、基地の正門に立つ隊員は、「衛兵」と呼ばれていない。いったい何と、呼んでいるのだろうか。

私は一九七〇年代に防衛庁から要請されて、戦後最初の国防問題の研究所である「日本安全保障研究センター」を立ち上げた。

アメリカの戦略研究所と、防衛問題について、日米初の民間における共同研究を行った時には、今日の政府の安全保障会議は、国を守る「国防会議」と呼ばれていた。ところが、「国防方針の大綱」も、いつの間にか、「防衛方針の大綱」に変ってしまった。

なぜなのか、「国防」という言葉を嫌うようになった。

防衛庁が防衛省に昇格する前に、自民党のなかに、防衛庁の省昇格をはかる議員連盟がつくられていた。私を講師として招いてくれた。

私が「防衛省ではなく、国防省とするべきだ」と説いたところ、有力議員が「それでは、中国と韓国を刺激することになる」と、発言した。そこで、「中国と韓国では、『国防部』と呼んでいますよ」と反論したが、聞き入れられなかった。

それにしても、自衛隊の高齢化は、異常なことである。これでは、とうてい戦力として役に立たない。

高齢化が進んでいるために、自衛隊は〝上級者ばかりの軍隊〟となっている。

アメリカ軍も、中国の人民解放軍も、台湾軍も、将校、下士官、兵の比率が、一対二対二となっているのに、自衛隊では幹部（将校）にして、一般隊員と呼ばれる曹（下士官）と士（兵）の比率が、一対〇・八となっている。それも、曹のほうが士に対して、圧倒的に多い。

自衛隊員の高齢化を深刻な問題として、防衛省の防衛研究所や、財務省による研究が行われてきたが、研究ばかりで、どのようにして改善すべきか、具体的に対応することがない。

国民が自衛隊に親しむために、「普通科」という呼びかたを「歩兵」に、「特科」を「砲兵」として復活し、階級を国際的に用いられている、大将、中将、少将、大佐、中佐、少佐、大尉、中尉、少尉などの呼称に、戻すべきである。

日本の包装文化

横浜のマンションが、杭打ちを手抜きしたために傾いてしまったことが、大きな社会問題となった。旭化成の子会社がつくって、三井住友不動産が「パークシティ・ララ横浜」と名付けて、売っていた。

日本は、包装文化である。なかに入っているものよりも、包装紙のほうに力があることが、多い。

日本は包むことについては、世界一だ。和菓子の箱一つとっても、溜息《ためいき》がもれるほど美しい。

これは、日本文化の素晴らしい一面だ。これほどまで、包むことに執着する文化は、他にあるまい。

だが、日本ではいったん東大を卒業すると、八十歳、九十歳を過ぎて、呆けてしまっても、「あの人は東大出だ」といわれて、敬意を払われる。

贈答品であれば、まったく同じ品物が入っていても、京王百貨店や、西武デパートよりも、和光や、高島屋の包装紙のほうが、ありがたがられる。

「平和憲法」も、「ララ横浜」と同じように、快《こころよ》い名が付いているが、欠陥品なのではないだろうか。

「ララ横浜」の住人たちは、その名にふさわしい快適な住居だと思って、購入したにちがいない。

それに、「ララ横浜」は、意味不明の名前だ。もっとも、高級マンションには、カタカナの意味不明の名前がやたら多いが、私だったら、そのような怪しげな名が付いた住まいは、買いたくない。

いまとなって、日本政府に「国連」を正しく「連合国」と、いい換える勇気があるだろうか。

いうまでもないことだが、国民は現実を直視しなければならない。

日本の国防方針の基本とされてきた、「専守防衛」という言葉も、英訳することがまったくできない。

相手が攻撃を仕掛けてくることがないように、相手を抑止するのが防衛だが、相手を攻撃できなければ、抑止力とならない。戦うのに当たって、守るのに徹することはできない。まったく、意味がない言葉である。

航空自衛隊では、地上、海上の敵を攻撃する攻撃機を「対地支援機」と、いい換えている。攻撃という言葉が、禁句だったからだ。

日本の国会では、長い間にわたって、何が防衛のための兵器であって、何が攻撃兵器であるか、論じられてきた。

日本国民の眼から、歪《ゆが》んだレンズの眼鏡を、取り外さなければならない。

第七章　日本人は「心」と「和」の民

「おもてなし」と「サービス」

海外から日本を訪れる観光客が、二〇一五（平成二十七）年に、年間二千万人になった。外国人観光客の姿が、全国各地で見られるようになるなかで、「おもてなし」という言葉が、流行《はや》るようになっている。

日本を訪れる多くの外国人が、日本人の心遣《こころづか》いによって、日本に魅せられている。滞在中に行き会った日本人が、ちょっとした小さなことでも、親切であることに、感動する。

おもてなしは、相手が口にださなくても、何をしてほしいのか察して、思《おも》い遣《や》る心から発するものだ。

人のあいだの和を尊ぶ、日本だけにみられる精神である。

日本では、中国、韓国が理不尽に振る舞っているために、嫌中、嫌韓感情がたかまっているにもかかわらず、中国人や、韓国人の旅行者に対して、分け隔《へだ》てなく接している。

日本の〝おもてなし〟は、西洋をはじめとする世界で行われている〝サービス〟と、まったくちがうものである。

サービスは、口にだして求めるのに対して、提供されるが、おもてなしは心から発するものだ。

サービスは、チップなどの代価がともなうが、おもてなしは心遣いだから、代償を求めない。

日本は見ず知らずの人にも、心を働かせる国柄である。日本人はいつも微笑んで、周囲を和ませる。

日本人の「心」とは

日本は心と、和の国である。だが、「心」と「和」という言葉は、日本にしかない。

もちろん、西洋人にも、中国人にも、インド人にも、心がある。だが、その人そのひとだけが持っている心である。

日本で「心」という時には、自分だけが持っている心ではなく、人々と分かち合っているものだ。

私は仕事のために、全二〇巻の国語大辞典を所蔵しているが、「心」が上に付く言葉をひいてみると、「心合わせ」「心意気」「心一杯」「心有り」「心得」「心覚え」「心掛け」「心配り」「心様《こころざま》」「心尽《こころづく》し」といったように、四〇〇近い言葉が目白押《めじろお》しになって、でてくる。

三省堂の『最新コンサイス英和辞典』でハート(heart)という言葉をひいてみると、

heartache（心痛）、heartbeat（心臓の鼓動）から、heartwood（材木の心材）など、十六の熟語しかない。

私は、英語屋だ。全三巻の英英辞典である『Webster's Third New International Dictionary』（ウェブスターズ・サード・ニュー・インターナショナル・ディクショナリー）を使っているが、heartが頭についた言葉は、四十あまりしかでてこない。

「和」も、日本に独特な言葉だ。しかし、読者から、英語で「ハーモニー（harmony）」（調和）というではないかと、反論されるかもしれない。

だが、「ハーモニー」は、「和」とまったくちがう。一人ひとりが、あることについて参加するのに当たって、合わせようと思い立って、もたらされるものだ。

日本の「和」は、人と人のあいだの絆《きずな》として、はじめから存在しているものだ。合わせようと思って、もたらされるのではなく、はじめから心を分ち合っているから、和が存在している。

「平和憲法」が定着しているのは、日本に独特な現象である。

日本以外の国民なら、自国の「安全と生存」を「平和を愛する（全世界の）諸国民の公正と信義」に委ねるという憲法の前文が、噴飯物だとして、吐きだしてしまうことだろう。

ところが、日本では和を尊んで、江戸時代を通じて三世紀近く平和が保たれたために、きっと世界にも、「和」が通用すると、思い込んでいるのだろう。

国連のどの加盟国も、国連が闘争の場であると見ているのに、日本人だけが「平和の殿堂」だという夢を描くのも、そのためであるにちがいない。

世界平和をもたらす「和」の文化

「日中友好」が熱心に唱えられていたあいだ、私はよく「中国人も同じ人間だから、心が通じ合うはずだ」と聞かされて、辟易《へきえき》したものだった。「心を通じる」とか、「心を分かち合う」という表現が、外国語にないことを知らないのだ。

日本以外の国に、「和」は存在していない。日本人だけが、心を分かち合っている。

世界は二十一世紀に入ったというのに、戦乱や、虐政が絶えることがない。

世界平和は、日本の心と和の文化が、世界にひろまることによってのみ、もたらされることになろう。

そのために、日本文化を世界にひろめるために、努力しなければならない。

私は海外を頻繁に訪れるうちに、日本民族の力の源が、いったいどこにあるのか、考えるようになった。

日本について、驚くことが多い。

日本では、古代から詩の形態が、まったく変わっていない。世界のなかで、日本だけ、詩の形式が古代から、少しも変わっていないのだ。

英文学をはじめとする西洋文学では、近代詩と古代詩の形式が、まったく異なっている。日本でもっとも古い短歌といえば、『古事記』（七一二年）に素戔鳴尊《すさのおのみこと》の歌がでてくる。

今日も、朝刊を手にとると、読者からの短歌の投稿欄がある。

短歌に関心がない読者は、見過ごしてしまおうが、そこに載っている和歌は、素戔鳴尊の歌と、形式が変わっていないのだ。

詩は人の心に、もっとも近い文学表現だ。

西洋では近代詩と古代詩とのあいだに、長い時間的な隔たりがあるのに、日本では古代と現代が同じ時間にある。

西洋や、中東でキリスト教の教会や、ユダヤ教の教会《シナゴーク》、イスラム教のモスクが新しく建てられる時には、近代建築様式をもって建てられる。古代の様式で建てることはない。

日本では、近代都市に新しく神社が建てられる時でも、神代からの昔ながらの建築様式によって建てられる。それでなければ、私たちの心が和むことがない。

天皇家と短歌

私たちは、明治以後、日本と西洋の二つの文化の狭間《はざま》に生きることを、強いられてきた。

日本の伝統といえば、天皇家と、短歌がある。

天皇も、短歌も、古いものだが、どうしていまでも二十一世紀の現代日本のなかに、息づいているのか。

西洋の詩は鮮烈な個人体験を、訴えるものである。それに対して、日本で詠まれてきた短歌というと、和歌や、俳句は個人としての私の存在や、作者の個性が希薄だ。だから、誰であっても、自分をそのなかに、容易に移入できる。

日本と西洋とにおける人間存在のありかたが、詩のありかたに反映されている。

天皇家と短歌は歴史を通じて、一体となってきた。

今日でも、天皇がそれをなさらなければ、天皇でなくなってしまうことが、二つある。神道の祭祀《さいし》を親しくなさることと、短歌の伝統を守ることである。

超近代都市である東京の真んなかに、緑の小島のように皇居が浮いている。

皇居の中央に、天照大御神《あまてらすおおみかみ》、歴代の天皇、全国の地祇《ちぎ》（神々）を祀《まつ》った宮中三殿があって、天皇が親しく古式に則《のっと》って、祭祀を執《と》り行われる。

年頭に催される宮中歌会始も、古い伝統を持っている。

今日でも、皇后が毎月、皇族方にお題をだされて、皇族方の歌を皇后の手元に集めることが行われている。これは、単なる優雅な遊びということでは、説明できない。

このように詩と結びついている皇室は、日本だけにみられることだ。

今日の私たちとちがって、古代の人々は言葉が神聖なもので、言葉に大きな力が籠《こも》っていると、信じていた。

私たちの祖先は、言葉が物質を変える力を備えているという、言霊《ことだま》信仰を抱いていた。

中東でも、西洋でも、同じことだった。『新約聖書』の冒頭の「初めにことばがあった。ことばは神とともにあった。ことばは神であった」（ヨハネの福音書）という句があるように、言葉に呪術的な力が宿っていた。

キリスト教では、「ベネディクション」と「マルディクション」というが、ラテン語で「よき言葉」と「悪しき言葉」という、意味である。今日でも、司祭がミサで「お言葉に感謝」と呼びかけてから、信者に向かって、『聖書』の一節を読むことが行われる。

神父が英語であれば、〝This is a word of the Lord〟（これが主のお言葉だ）といい、信者がいっせいに、〝Thanks to the Lord〟（主に感謝せよ）と、応える。

歌会始をテレビを通じてみると、かつて言葉が神聖なものであった神代の力が、籠っている。言葉にまわりを清める力があり、そのなかで精神がたかまってゆく。

先人たちは、短歌の五七五といったリズムに、魔術的な力を感じたにちがいない。日本語の三音から七音までのリズムは、五七五のどの音数をとっても、神事や、会合の終わりに当たって行う、手拍子と同じような、神秘的な力を感じさせる。短歌を口にだして詠まなくても、そのリズムを心のなかで、感得するものだ。

詩は東西を問わず、言葉の組み合わせに備わるリズムを使って、成り立っている。

西洋では、ギリシア文学にはじまるｉａｍｂｉｃという弱強抑揚のリズムがあるが、英文詩におけるペンタミーター（長短々五歩格）をとれば、一行のなかに、五つのリズムが仕込まれている。

短歌には、西洋の詩における、「私」という視点がない。

短歌は読む者が、そのまま自分の体験として味わうことができる。キリスト教の祈祷文《きとう》には、私と主なる神の二つの言葉が繰り返しでてくるが、神道の祝詞《のりと》には、私という立場がまったく欠けている。

伝統を尊べば、落ち着いた生活を営むことができる。落ち着いた生活は、力を生む。伝統をおろそかにすると、きまり悪い生活を送ることになる。なじまない環境は、不安にさせる。人は立っている大地が、しっかりと安定していなければならない。

私たちの社会は、生者だけの世界ではない。先人との共同作業なのだ。

そうでなければ、糸が切れた凧《たこ》のように、あてもなく漂うことになる。先人たちが糸を支えている。

自然と一体でないのは人間だけ

私は仕事で、何回か、アフリカ南部を旅した。ジンバブエで満天の星空のもとで、部族の踊りを見た。偶然、踊り手たちの足元の地面に一つ小さな穴が開いていて、羽虫が一匹ずつ湧いて出て、夜空へ向かって飛んで行った。

踊り手は、妖怪のような装いをしていた。日本の生剥《なまはげ》を奇怪にしたような扮装だったが、さまざまな精霊を模していた。鼓《つづみ》も、合唱も、すばらしかった。

足元から羽虫が新しい生命をえて、つぎつぎと羽搏《はばた》いていった。私は人間だけが自然と一体ではないのだと、思った。

自然と意識を同じにしていないのだ。動物や虫や植物は、自然のなかに統合されているのに、人だけが別の存在なのだ。

そこで、人は自然と一体であることを説明するために、神話を創りだした。日本神話も、聖書の「創世記」も変わりがない。自然の一部ではないという事実は、不安にさせる。

草原で出会った縞馬《しまうま》や、キリンや、ワニは何としなやかで、のびのびとしていたことだろうか。

ところが、人は不安に駆られた、不自然な存在である。そこで、自然と一体になろうとして、精霊に模して踊るのである。

私たちが背広を着て、さまざまな仕事をつくって、あくせくと働くのも、不安を紛らわせるためではないかと、思った。そう思うと、奇怪な姿をして踊っている黒人たちが、突然のように、身近に感じられた。

星空の下の踊りは、一つの文化の形として定着したものだった。その形のなかにとどまっているかぎり、安心できるのだ。

内なる日本人との和解

伝統文化は、イデオロギーが表皮的で、二次的な力しか持っていないのに対して、人間存在の鋳型として、はるかに強い力を備えている。

文化には、大きな力がこもっている。私たちは明治以来、日本文化を遅れたものとみてきたために、精神が混乱をきたすようになった。

そろそろ、私たちは内なる日本人と、和解するべきではないだろうか。

伝統を培《つちか》うのには、長い時間がかかるが、伝統を壊すのは、数年もあればよい。

宮沢賢治の童話のなかに、素晴らしい場面がある。登場人物の百姓に、「農作物はわたしたちが作っているのではありません。太陽が育てているのです。わたしたちは太陽を手助けしているだけです」と、いわせている。私たちにとって、伝統が太陽である。

人は伝統という縦糸と、その時々の時代性という横糸が交わるところで、生きている。伝統という縦糸が弱まってしまっても、現代性という横糸が弱いものであっても、活きいきと生きられない。

私たちは空気や、水や、食糧から、力を取り込んでいるのと同じように、伝統から力を吸収している。

伝統文化は、貴重な遺産なのだ。私たちは大いなる遺産を、相続してきたのだ。今日の日本を築いた功績は、私たちだけにない。多分に、先人によるものである。日本的なものを、大切にせねばなるまい。

私は海外と折衝することを、仕事としてきた。

日本語のなかに、外国語にひとことで訳せない言葉が、沢山ある。外国語にならない日本語が多いと思うたびに、日本人として生まれてよかったと、深く満足する。

私たちは食事をはじめる時に、「いただきます」というが、中国語、韓国語、英語などのヨーロッパ諸語に、このような表現がない。

英語であれば、食卓を囲んでから、主なる神に感謝する、短い祈祷《きとう》文を唱えたものだ。いまでは、多くの英語国民の信仰心が薄くなったために、食前に祈祷文を唱える家族や、人が少ない。そこで、ほかにきまった言葉がないので、フランス語を借りて「ボナペティ」（よい食欲を）という。

お隣の韓国では、「チャルモッケスムニダ」（これからよく食べます）、「チャルモゴスムニダ」（よく食べました）だし、中国語では「開始吃飯《クアイスツーファン》」（これから食べます）、満腹になったら「好吃飯了《ハオツーファンラ》」（よく食べました）という。

私たちが「いただきます」「ご馳走さま」という時には、天地《あめつち》の万象に感謝する。だから、だされた食事を残してはならない。

世界諸語のなかで、「お猫さん」「お猿さん」「トンボさん」「お寺さん」「新聞屋さん」「飲み屋さん」「ご馳走様」「世間様」といったように、あらゆるものに「さん」「様」の敬称を付けるのは、日本だけである。人間様だといって、威張ることがない。

私はよく祖母から、「そんなことをしたら、世間様に顔向けできません」「世間様に感謝しなさい」と、たしなめられたものだった。

世間が神になっているのは日本だけだ。和の心から発するものであり、和が神なのだ。

大切なのは言葉より心

日本は世界のなかで、美的感覚がもっとも突出した文化だ。これほどまで、美にこだわる国民は他にない。

日本人が寡黙なのは、何ごとにつけ、心を大切にするからである。

心は美しいことや、ものを、求める。私たちが論理を疎《うと》んじて、理屈を嫌ってきたのは、美は言葉で説明すべきでないからだ。

私たちは中国人や、韓国人や、西洋人のように、饒舌《じょうぜつ》に理屈を用いて、何が正しく、何が悪だときめつけることをせずに、何ごとについても、美しいか、清くないかということを、尺度とする。言葉は少ないほうがよい。言葉は邪魔になる。

私は言葉に備わっている最大の機能は自己《エゴ》の主張と、弁解することにあると思う。日本人は和を大切にするから、言葉を信用しない。

言葉はいい争って、相手を負かす道具である。

いま、中東を舞台として、イスラム教の二大宗派であるスンニー派と、シーア派が殺し合いに明け暮れているが、つい、このあいだまで、キリスト教が旧教《カトリック》と新教《プロテスタント》に分かれて、ヨーロッパを荒廃させた宗教戦争を再演している。

私たちには、キリスト教や、イスラム教や、その分派である共産主義は、論理を振り翳《かざ》して諍《いさか》うからなじまない。

言葉を乱用すると、心が和まない。私たちの先人が、世界に類《たぐ》いがない寡黙な文化を培ってきたのは、素晴らしいことだ。

古来から、日本では言挙《ことあげ》する――声を張りあげて強調していうことを、嫌ってきた。私たちは和を大切にして、譲り合って生きてきた。いがみあうのは、醜く、美しくない。

日本を守る武の心

毎年、道場の武道始式に招かれて、短い挨拶をする。

杖道、空手道の組み手、居合道、剣道、警視庁逮捕術の師範、琉球古武術の継承者による演武が、繰りひろげられた。

陸上自衛隊の銃剣道の錬士が二手に分かれて、気合の入った型も、披露された。

木銃は長さ百六十六センチで、銃剣を装着した三八歩兵銃と、同じ長さである。三八歩兵銃は、先の大戦が終わるまで、日本陸軍の主兵器だった。陸上自衛隊が帝国陸軍の伝統を継いでいると思って、頼もしかった。

私は、二〇一六年新年の「一月二日の宮中一般参賀に、皇居を八万三千人の国民が訪れました。日の丸の小旗の波が美しかった」と、前置きして、挨拶の言葉を述べた。

「皇室と、神道と、日本刀は一体のものです。伊勢神宮の遷宮式に当たっては、二十振以上の新刀が納められました。男子皇族が誕生されるたびに、お護り刀が新たに造られます。

元寇《げんこう》、幕末の二つの大きな国難に当たって、武の心が日本を護りました。

徳川二百六十年は泰平の世が続きましたが、そのなかで、武に携わる者が、日々、つねに術《わざ》と精神を磨き、臨戦態勢にあったことが、幕末の国難を見事に乗り越え、百二十一年前の日清戦争と、百十一年前の日露戦争の危機を、乗り越えることができました。

そしてアメリカが力を失うなかで、中国の脅威が募っている今こそ、武を振興しなければなりません」と、結んだ。

いつから〝軍発言〟が叩かれたのか

松の内に、靖国神社に詣でた。数千人の参詣者が、社頭に長い列をつくっていた。この五、六年、若い男女が多いのが、心強かった。

私には靖国神社を疎《うと》む者を、理解できない。国を愛して生命を捧げた英霊を、どうして愛することができないのだろうか。

二〇一五（平成二十七）年の前半に、安倍首相がうっかり口を滑らして、自衛隊を「軍」といったために、国会で野党から叩かれた。

日本国民なら、誰でも自衛隊が限りなく軍に近いものだと、思っていよう。

だが、吉田茂首相が日本が独立回復をして三ヶ月後の一九五二（昭和二十七）年七月三十一日に、「保安隊は新国軍の土台となる任務を持つ」と述べた時には、国会で問題にならなかった。

吉田首相はその翌年の十一月三日に、衆院予算委員会において、「自衛隊は戦力なき軍隊だ」と発言したが、野党が揚げ足をとることがなかった。

安倍首相が〝軍発言〟を行ったあとに、与党の女性議員が「八紘一宇《はっこういちう》」といったところ、国会で野党から叩かれた。

「八紘一宇」という言葉は、『日本書紀』（七二〇年）にでてくるから、『日本書紀』がけしからんというのだろうか。「八紘一宇」は、世界が一つの家族となって、睦《むつ》み合おう、という意味だ。

どうして、六十四年前に首相が、保安隊や、自衛隊を軍だといって、問題にならなかったのに、いまになって、非難されるのだろうか。

アジア・アフリカ会議は一九五五（昭和三十）年に、インドネシアのバンドンで、二十九ヶ国のアジア・アフリカ諸国の指導者が集って開催された、第二次世界大戦後、最初の有色人種のサミットだった。日本も参加している。

二〇一五年四月に、インドネシアでアジア・アフリカ（バンドン）会議六十周年を記念して、首脳会談が催された。安倍首相が参加して、演説のなかで、「先の大戦の深い反省」

と、述べた。

その十年前に、小泉首相がバンドン会議の五十周年を記念して催された首脳会議で、「痛切なる反省と、心からのお詫び」と、演説している。

だが、六十年前の第一回バンドン会議の翌年の一九五六（昭和三十一）年三月八日に、鳩山内閣の重光葵外相が参院予算委員会で、「太平洋戦争によって、日本は東南アジア諸国の独立に貢献した」と述べたが、野党も、中国、韓国も、非難しなかった。

このところ、日本は中国や、韓国の顔色を窺《うかが》って、戦戦兢兢《せんせんきょうきょう》としている。

一九七四（昭和四十九）年一月二十四日に、田中角栄首相が「日本の朝鮮半島統治は、韓国民には有益だった」と発言した。だが、国会でも、国内でも異論がでなかった。

私はこのような例を、いくらでも挙げることができる。

きっと、日本国民が物質的な繁栄によって、刹那《せつな》的になったために、記憶を失うようになっているのだろう。

清浄感こそが日本文化の特徴

今日、エコロジーが、人類の新しい宗教となっている。

自然と共存しなければ、人類が生きのびられないことが、理解されるようになっている。

日本文化の最大の特徴は、いったい、何だろうか？

ひとことでいえば、清浄感である。神道は、何よりも穢《けが》れを嫌う。清い心を持つことを、求める。

いま、世界的なブームとなっている和食をとれば、淡白で、できるかぎり自然を、そのまま取り入れている。素材の味を損なわずに、自然の恵みを楽しもうとする。

それに対して、中華料理や、フランス料理はさまざまな素材を用いて、もとの素材にない味をつくりだす。凝ったソースがそうだが、まるで化学の実験のようだ。

日本文化は、太古のむかしから、中国や朝鮮の文化と、まったく異なっていた。

和食には、山や、森や、川や、海の霊気が、宿っている。私たちからみると、中国や、西洋の料理は、人の手が加わりすぎている。

中国や西洋では、厚い鉄鍋が調理の主役だ。日本では素材を大事にするから、包丁だ。

私は仕事で、ヨーロッパや、中国、インドを足繁《しげ》く訪れたが、インド料理も、素材の味をそのまま、活かすことがない。東アジア料理も、強い香辛料が、売り物となっている。

たしかに、私たちは中国や、朝鮮から仏教をはじめ、制度、儒教など、多くを学んできた。漢字もそうだ。だが、遣唐使が豚や、羊を連れて来ることが、なかった。

美しいという漢字は、「羊が大きい」と書く。私たちの美意識は中国人のように、唾液腺にかかわることがなかった。

日本人の美意識は、雅《みやび》にある。派手なものや、金銀のように光るものを、嫌ってきた。雅《みやび》の語源は、平安朝の「宮び」からきているが、そこはかとない美しさや、香りを尊んだ。

中国の歴代の皇帝が住んでいた、北京の故宮、紫禁城を訪れると、まばゆいばかりの財宝が展示されている。

私は皇居の新宮殿に上がったことがあるが、金銀の光るものが、何一つない。ただ、気品が漂っている。

十一世紀前半の紫式部の『源氏物語』は、雅《みやび》の文学であるが、「風涼しくてそこはかとない虫の声が聞こえ」（帚木《はなきぎ》）というように、雅は抑制された美である。

『源氏物語』は、私たちに平安の香りの文化を、伝えている。

梅の香りが、しばしば登場する。梅も橘《たちばな》も、日本の原産種ではなく、中国から船で、豚や、羊のかわりに、持ち帰ったものだ。

私は中国に、全員が人民服を着ていたころから、しばしば招かれたが、不潔なのに閉口した。

漢字の「家」を漢和辞典でひくと、ウ冠の屋根の下に、豕《ぶた》がいると説明している。同じ屋根の下で、豚と暮らしていたのだ。

中国で墓参の時や、台湾でも廟《ミャオ》に、豚の頭を丸ごと供える。私たちには、生臭さすぎる。

神道では神前に、榊《さかき》を供える。榊はツバキ科の常緑樹で、清々《すがすが》しい光沢が美しい。『源氏物語』の「賢木《さかき》」に、光源氏が多くの恋人のなかの一人に、「変らぬ色をしるべとして」(自分のあなたへの心は、いつも変わらない)という和歌に、榊の葉を添えて、贈る場面がある。

和食は、西洋料理や、中華料理、韓国、インド料理とちがって、清浄さと、何よりも季節を大切にする。私たちは、そこはかとない、繊細《せんさい》な隠し味を楽しむ。日本人は心を遣《つか》うから、何ごとについても、繊細なのだ。

自然は、自分をそのまま見せる。誇張することがない。

日本人は心の民として、つねに和を重んじて、自己主張することがなく、自制して、自然の清らかさを求めて、生きてきた。

第八章　人種差別のない理想世界へ

他者を排斥しない日本人

日本では、古代から人種差別が行われたことがなかった。

日本民族は、日本列島の外から、さまざまな海を渡ってやって来た人々が融合して、形成された。

それとともに、日本の長い歴史を通じて、信仰のちがいから宗教戦争が戦われたことが、一度もない。

世界のなかで、このような歴史を持っている国は、じつに珍しい。日本文化は、どの国の文化よりも、やさしい。

日本の文化は、あまりにも諸国の文化と、大きく懸け離れている。そのために、外国人になかなか理解してもらえない。

日本民族は、世界のなかで類《たぐ》いない、和の文化を持ってきたために、異文化に対する警戒心を欠いている。

そこで、日本の和の心が、国外においても通用するものと、思い込んでしまうために、外国と折衝するのに当たって、大きな支障となる。

日本の国民性は、外交に向いていないのだ。海外に対して、自己を強く主張したり、我を張るべきでないという日本の常識は、日本の外ではまったく通用しない。

日本では、和の文化が縄文時代（紀元前一万二〇〇〇年から紀元前四五〇〇年）のころから、培《つちか》われてきた。

海外からやって来る人々や、物や、思想を歓迎して、排斥することがなかった。

「宗教」という言葉も、明治に入るまでは、日本語のなかに存在していなかった。

江戸時代が終わるまで、日本語には「宗旨」「宗門」「宗派」という、言葉しかなかった。

さまざまな宗派が、争うことなく、共存した。

日本に六世紀に入って、仏教が伝来すると、神道と混じり合って、習合した。

今日でも、私たちは神に縋《すが》ろうとする時に、「神様仏様《かみさまほとけさま》」といって、異なった二つの信仰を一つにしてしまうが、きわめて日本的なことだ。

明治に開国してから、他宗を排斥する変種の信仰である、一神教のキリスト教が入ってくると、それまでのように「宗門」とか、「宗旨」と呼ぶことができないことから、英語の「レリジョン」religionや、ドイツ語のReligion「レリギヨン」、フランス語の「ルリジオン」religion、イタリア語の「レリジョーネ」religioneの訳語として、「宗教」という新しい言葉がつくられた。

ちなみに、これらのヨーロッパ諸語の語源は、ラテン語の「レリギオ」religioであって、「縛る」という意味だ。

日本には、ヨーロッパや、中国や、韓国やイスラム諸国などのように、奴隷制度が存在したことがなかった。

日本には、ヨーロッパや、中国、韓国や、イスラム諸国などとちがって、男性に酷《むご》い去勢手術を施した宦官《かんがん》も、いなかった。中国で宦官が廃止されたのは、清朝が滅びた一九一二（大正元）年のことだった。

韓国の宮廷にも、一九一〇（明治四十三）年の日韓併合まで、宦官が存在した。

ヨーロッパにおいて、キリスト教会によって宦官制度が廃止されたのは、一八七八（明治十一）年のことだ。

寛容なる和の宗教

日本の外の世界の歴史は、絶え間ない民族と宗教のあいだの抗争だといえる。

日本人には理解しにくいことだが、今日でも、イスラム教の二大宗派が、中東を舞台に戦って、大量の血を流している。いまだに、先進国であるイギリスのアイルランドにおいても、キリスト旧教のカトリックと新教のプロテスタントが反目して、殺し合っている。

イスラム教はキリスト教よりも、六百年も若い宗教だ。

六百年前のキリスト教が、どうだったのか。振り返ってみると、カトリックとプロテスタントが不毛な宗教戦争を、数世紀にわたって戦って、ヨーロッパ全土を荒廃させた。

イスラム教は、「平和の宗教」だという。たしかに、イスラム教の聖典『コーラン』を読むと、平和や、慈愛について、素晴らしい言葉が散りばめられている。

しかし、『コーラン』は信徒に全世界をイスラム化することを命じているし、さまざまなおぞましい刑罰を定めている。

日本では多くの者が、キリスト教が「愛の宗教」であると、信じている。たしかに、聖書は愛を説いている。聖書は胸を打つ美しい言葉に、満ちている。

だが、『新約聖書』は、イエスの口からユダヤ民族全員が「悪魔の子」であって、抹殺しなければならない(『ヨハネによる福音書』8―44、47)と、命じている。このほかに、『マタイの福音書』をはじめとして、ユダヤ人を呪う、恐ろしい言葉がでてくる。『旧約聖書』も、私たちにとってとうてい宗教書と思えない記述が多い。

イスラム教と、キリスト教は「愛の宗教」であるとともに、和を欠いた「憎しみの宗教」

であるのだ。

仏教も日本に渡ってくると、神道の強い影響を蒙《こうむ》って日本化することによって、和の宗教に変わった。

仏教が生まれたインドでは、仏教は消滅してしまったが、スリランカ、ミャンマー、ブータンをはじめとする仏教諸国の仏教徒は、寛容を欠いている。イスラム教徒や、ヒンズー教徒を容赦《ようしゃ》なく排撃している。

七世紀に編纂《へんさん》された『日本書紀』に、初代天皇となった神武天皇が即位された時の詔《みことのり》のなかに、「八紘一宇《はっこういちう》」という言葉がある。「紘」は「広い」、あるいは「境界」であり、「八紘」は全世界を意味している。

世界が一つの家族であるべきだと、教えている。日本は他民族を敵視したり、蔑視することがなかった。

日本統治ではパラオ島民を対等に扱った

二〇一五(平成二十七)年に、天皇、皇后両陛下が、パラオへ行幸啓《ぎょうこうけい》された。

両陛下はパラオ国民が総出になって、打ち振る日の丸の小旗の波によって、歓迎された。

私はパラオの人々が、心から両陛下を歓迎する姿をテレビで観て、感動した。

パラオ諸島は、第一次世界大戦後のパリ講和会議（一九一九年）によって、日本の国際連盟による委任統治領となったが、第二次世界大戦中に日米の激戦地となった。

ペリリュー島で一万一千人、アンガウル島で千二百人にのぼる日本守備隊が玉砕し、パラオ本島とヤップ島も、アメリカ軍による激しい空爆を受けて、多くの島民が生命と財産を失った。

日本統治は三十四年あまりしかなかった。しかし、島民が先の戦争によって、大きな被害を蒙ったにもかかわらず、今日、人口二万人あまりのパラオ共和国は台湾と並ぶ、親日国家となっている。

日本がパラオを統治するまでは、十六世紀からスペイン、一八九九年からドイツの植民地となっていた。

スペイン人とドイツ人はパラオ島民を奴隷同様に扱って、虐待した。そのために、島民の九〇%が死んだ。

それに対して、日本人は島民と対等に接した。電気、水道、道路をはじめとするインフラを整備し、現地人のために、小学校、専門学校、病院をつくり、漁業や、農業などの産業を興した。

日本による台湾、朝鮮統治も、パラオ諸島と同じことだった。欧米の植民地とちがって、台湾人も、朝鮮人も、同じ日本国民として扱われた。

日本の敗戦後、アメリカが、パラオが独立するまで半世紀にわたって統治したが、島民を差別したので、好意を抱かれていない。

アメリカの歴史は、恥ずかしいものだ。原住民であるインデアンを大量に虐殺するかたわら、一千万人にのぼるといわれる黒人奴隷を、家畜同様に扱って、虐《しいた》げた。

ユダヤ人を救ったのは日本だけ

アメリカはキリスト教国だから、ユダヤ人も差別していた。

そのために、アメリカは第二次世界大戦に参戦するまで、ナチス・ドイツがユダヤ人を迫害していたことを知りつつ、ヨーロッパから逃れようとするユダヤ人の入国を、いっさい拒んだ。

イギリスも大戦直前まで、ユダヤ人避難民を受け入れなかった。

日本だけが世界のなかで、ユダヤ人を救った。

一九三八（昭和十三）年二月から、二万人以上のユダヤ人難民がドイツや、東ヨーロッパを追われて、シベリア鉄道に乗って、極寒のソ満国境に、つぎつぎと着いた。ソ連は、もしユダヤ人難民が満州に入れなかったら、東ヨーロッパへ送りだすといった。東條英機関東軍参謀長が、ユダヤ人難民の満州国への入国を許可した。日本経営の満州鉄道が、ユダヤ人難民を無料で運ぶために、何本もの特別列車を仕立てるなどして、手厚く保護した。この事実について、著述家として名高い、ユダヤ教のマービン・トケイヤー師が、『ユダヤ製国家日本』（徳間書店）のなかで、東條大将の名を挙げて、詳述している。

一九三八（昭和十三）年に、近衛文麿《このえふみまろ》内閣のもとで、首相、外相、蔵相、陸相、海相が五相会議を行って、ユダヤ人差別を行わないことを、決定していた。

そのかたわら、バルト三国の一つのリトアニアで、杉原千畝《ちうね》領事代理が六千人以上のユダヤ人難民にビザを発行し、その功績によって、昭和天皇から勲五等瑞宝章《ずいほうしょう》を授けられている。

翌年、外務省の下級職員である領事代理から、在ルーマニア日本大使館の三等書記官として、栄転している。

杉原が本国政府の方針に逆らって、〝生命《いのち》のビザ〟を乱発したという作り話を、日本の左翼陣営がたれ流してきた。これは、事実にまったく反している。外務省は杉原がリトアニアでビザを発給した後に、杉原を譴責《けんせき》するどころか、昇任している。

アンネ・フランク（一九二九〜一九四五年）の父親のオットーは、オランダ・ハーグのアメリカ領事館に、一家のアメリカ入国ビザを、何回も申請し、嘆願書も提出したが、却下された。

一家は多くのユダヤ人とともに、強制収容所で殺された。

もし、アメリカが入国ビザを発給していたとすれば、今年、アンネはアメリカで八十七歳の誕生日を、孫たちに囲まれて迎えていたかもしれない。

アメリカで巻き起こる歴史戦

いま、十一月のアメリカの大統領選挙へ向けて、共和党のレースでは、不動産王のドナルド・トランプが先頭を走り、民主党ではバーニー・サンダース上院議員が、ヒラリー・クリントンと鍔《つば》競りあいを演じているという、番狂わせを繰りひろげている。

トランプ候補は、メキシコ人と、イスラム教徒の移民を締めだすことを提唱して、『人種の坩堝』であってきた、アメリカのよき伝統を踏み躙っているといって、非難されている。

そのかたわら、サンダース候補は社会民主主義者で、起業精神と自由競争の国であってきたアメリカを、北ヨーロッパ型の福祉国家につくり変えることを、主張している。

もっとも、トランプ候補はフランクリン・ルーズベルト大統領まで、歴代のアメリカ大統領がしてきたことを、行うとしているだけだ。

私はトランプ、サンダース両候補が、共和、民主党の大統領候補となることはないと、思う。もし、サンダースが大統領になれば、国防費を大きく削ることとなろう。

いったい、アメリカはどのような国なのだろうか。

二〇一五(平成二十七)年六月に、サウスカロライナ州チャールストンの黒人教会に、白人優越主義者《ホワイト・スプリーマシスト》の白人青年が侵入し、礼拝中の九人の黒人を射殺してから、アメリカが人種差別を巡って、大きく揺れている。

全米にわたって、白人警察官が無抵抗の黒人を射殺したり、暴行を加える事件があいついでおり、アメリカのテレビや、新聞によって、大きく報じられている。

アメリカの白人社会はチャールストン事件の強い衝撃によって、奴隷制度が行われていた時代に遡《さかのぼ》って、反省を強いられるようになっている。

南部諸州では、州庁や、州議会に翻《ひるがえ》っていた、南北戦争当時の南部連合旗の掲揚を禁じ、公共施設から奴隷制時代の南部の英雄の名を、消すようになった。

この新しい流れのなかで、人種差別の歴史と正面から向き合うことを求める世論がたかまり、先住民のインデアンに対する差別も、取り上げられるようになっている。

アメリカン・フットボールの『レッドスキンズ』も、槍玉に挙がっている。「レッドスキン」は、インデアンの蔑称だ。

国父ジョージ・ワシントンも、アメリカ憲法を起草したトマス・ジェファーソンも、荘園主で、多くの奴隷を所有していたことから、その名を冠した地名や、建物名を改めるべきだという声も、挙がっている。

名門のプリンストン大学には、ウッドロー・ウィルソン・センターがあるが、学生たちからウィルソン大統領（在任一九一三〜一九二一年）が白人優位主義者だったから、改名すべきだという、要求が挙がっている。〝言葉狩り〟が始まったのだ。

これは、アメリカ国内における〝歴史戦〟だ。

アメリカのありかたを、どれだけ変えてゆくことになるのか、注視しなければならない。

アメリカはイギリスから東海岸に渡ってきた清教徒が建国して以来、「神によって選ばれた人々」であるという使命感によって、駆られてきた。

アメリカが、海外に頻繁に武力を用いて、干渉するのも、このような傲《おご》りがもたらしてきたものである。

アメリカの対外戦略は、長年にわたって刷り込まれた白人優越主義によって、支えられてきた。

だが、今後、このような思い込みが弱まってしまったら、アメリカが「世界秩序の守護者《ガーディアン・オブ・ワールド・ピース》」だという使命感が、衰えることになるのだろうか。

根底に残る白人優越主義

今日、アメリカでは「人種平等」が建て前となっている。

だといっても、白人が十五世紀に始まった大航海時代から、世界を支配するようになって以来、白人が優越しているという思い込みが、刷り込まれている。この優越意識は、容易に改まるものではない。

アメリカにおいて「東京裁判史観」を覆《くつがえ》すことができないのも、「慰安婦」が「性奴隷」

だったという誹謗《ひぼう》が、信じられている根底にも、白人優越主義がある。

いくら客観的な事実を示しても、受け入れられないのは、日本人に対する蔑視が働いている。

白人が北アメリカ大陸に入植してから、奴隷貿易によって、九百万人から一千百万人の黒人奴隷が輸入され、残酷な境遇を強いられた。

今日、アメリカには純血の黒人が一人もいない。アメリカの黒人が、チョコレート色の肌をしているのは、所有主が女性奴隷を〝性奴隷《セックススレイブ》〟として、弄《もてあそ》んだためである。

アメリカの〝建国の父〟の一人で、「独立宣言」を起草したことによって、有名なトマス・ジェファーソン（第三代大統領）は荘園主で、二百人以上の黒人奴隷を所有していた。ジェファーソンの伝記を読むと、女性奴隷を慰み物として、何人もの子が産まれたが、子が八、九歳になると、市場で売ってしまった。

アメリカが憲法を修正して、奴隷制度を廃止したのは、一八六五年だった。日本でいえば、明治元年の三年前に当たった。

だが、黒人が奴隷の身分から解放されてから、補償が行われたことが、一度もない。黒人は強い差別を蒙りながら、最下層民として扱われてきた。

大きなハンディキャップを科せられてきたから、今日でも黒人たちは、底辺からよじ登ることができない。

黒人は、二〇一二（平成二十四）年の連邦国勢調査によれば、アメリカの人口の十二・六％を占めていた。白人と黒人の一世帯当たりの平均所得をくらべると、黒人は白人の六十三％にしか達しない。

それでも、私が一九五〇年代にアメリカに留学していたころとくらべると、隔世の感がある。アメリカは今日とは、まったくちがった国だった。一九五〇年代後半では、黒人は法的に差別されていた。

南部諸州では選挙権も奪われ、教会から、学校、電車、バス、待合室、食堂、プール、便所、水飲み場までが、白人用と黒人用に厳しく区別されていた。多くの州において、白人と黒人とのあいだの性交渉や、結婚が犯罪とされていた。

私は東部の名門校であるエール大学で学んだが、黒人学生が一人もいなかった。

アメリカ人は、黒人を奴隷としていたことに対して、いささかの罪悪感を抱いていなかった。

害獣とみなされたインディアン

当時、『ブリタニカ（大英）大百科事典』の新版で「人種《レイス》」という項目をひくと、「多くの科学的調査によれば、黒人《ニグロ》は感情が不安定で、自己を抑制する力がない」と、書かれていた。先住民のインデアンについては、「知能が低い」と述べられていた。

そのころ、私はジョン・スタインベック（一九〇二〜一九六八年）の小説『赤い小馬《ザ・レッド・ポニー》』を読んで、衝撃を受けた。スタインベックは、アメリカの代表的な作家である。

アメリカ西部が小説の舞台で、主人公のジョーディ少年が「鼠《ねずみ》狩り」について、祖父と話している。

「ジョーディは訳《わけ》を話した。

『犬が食べるんです。だけど、鼠狩りなんて、インディアン狩りとは、とても違うんでしょうね』

『うん、違うな。もっとも、時代が下って、軍隊のやつらが、インディアン狩りをはじめて、子供を撃ち殺したり、テント小屋を焼き払ったりするようになってからは、お前のやる鼠狩りと、大して違いはなかったがな』」（西川正身訳、新潮文庫）

アメリカは東海岸から、西へ西へと領土を拡張してゆく過程で、インデアンを害獣とみなして、見境《みさかい》なく殺戮《さつりく》していった。

イギリスの高名な著述家として知られる、セシル・チェスタートン（一八七九～一九一八年）は、『合衆国の歴史』のなかで、ヨーロッパから北アメリカ大陸に上陸した白人にとって、「インデアンはできるかぎり早く、駆除すべき害虫《ヴァーミンズ・トウ・ビー・エクスターミネイテッド》と変わらなかった」と、述べている。

アメリカの研究によると、清教徒がはじめて東海岸に到着した時に、北アメリカ大陸に三百万人以上のインデアンがいたのだが、十九世紀に入った時点で、三十万人まで減っていた。

私は一九六五年から、『ブリタニカ大百科事典』の日本語版（ＴＢＳブリタニカ社）の初代編集長をつとめたが、北アメリカ大陸における白人による「十三植民地の形成と発展」が、「先住民インデアンの『清掃』と、アフリカ人奴隷の『移民』を前提として、行われた」と、述べている。

進化論を認めないのは黒人差別からか

今日、アメリカは世界でキリスト教への信仰心が、もっとも篤い国となっている。

白人キリスト教徒は十字架を掲げて、アジア、アフリカ、南北アメリカ大陸を武力によって侵略して、現地人を大量に殺戮し、ほしいままに略奪した。

今日、西ヨーロッパにおいては、キリスト教への信仰心が、急速に薄れるようになって、教会が観光施設になっているが、アメリカでは対照的にキリスト教がいまだに強い力を持って、多くの人々の精神を支配している。

そのためにアメリカでは、今日でも公立学校で「ダーウィンの進化論」を教えることに対して、強い抵抗がある。

数年前に、アメリカの有力な世論調査機関であるピュー・リサーチ・センターが米国科学振興協会とともに、全米を対象に行った調査によれば、「進化論を信じる」と答えた者は、三十五％しかいなかった。

回答者の大多数が、聖書に記されているように、神が宇宙を創造した時から、人間の姿がまったく変わっていないと、信じている。

アメリカで、進化論が受け入れられない理由としては、もし、認めてしまうと、人類の先祖がアフリカで生まれて、進化したという学説が有力なために、黒人が白人の先祖だということになって、白人の優越が揺らいでしまうからだと、いわれる。

アメリカにおいて黒人差別が緩和されるようになったのは、第二次世界大戦後のことだ。日本が第二次世界大戦によって、白人が世界のほとんどの部分を支配していた植民地時代に終止符を打って、アジア・アフリカ諸民族がつぎつぎと独立を達成して、人種平等の原則が国際社会を律するようになった。

すると、アメリカ国内の黒人たちも、覚醒した。白人に対して、平等の権利を要求するようになった。

マーチン・ルーサー・キング師が率いる公民権運動が全米にひろがって、黒人に対する法的な差別を、撤廃することを強いられた。

日本兵とドイツ兵の扱い

第二次世界大戦前と、大戦中のアメリカにおける日本人差別も、酷《むご》いものだった。

戦争が始まると、十二万人にのぼったアメリカ国籍を持つ日系アメリカ人が、一片の大統領行政命令によって「エネミー・エイリアン」(敵性国人)として、財産をすべて没収されたうえで、全米の僻《へき》地《ち》に設けられた強制収容所に、送り込まれた。

収容所といっても、名ばかりで、牛、豚の悪臭が漂う家畜小屋や、馬の厩舎に押し込められた。

収容所は有刺鉄線の柵によって囲まれ、銃を構えた監視兵が、サーチライトを備えた塔の上から、常時、見張っていた。

アメリカ軍は太平洋戦線において、日本将兵が投降しても、捕えずに、ほとんどの場合、その場で虐殺した。

まさに、日本兵に対して、ジョン・スタインベックの小説にでてくる「鼠狩り」と同じことが、行われたのだった。

アメリカ軍が投降する日本兵を虐殺したことは、太平洋戦線で戦った、チャールズ・リンドバーグの回想録や、アメリカの人気作家のウィリアム・マンチェスターや、マサチューセッツ工科大学（ＭＩＴ）のジョン・ダワー教授による著作をはじめとして、数多くの証言がある。

リンドバーグは、大西洋横断単独飛行に、はじめて成功した英雄である。

アメリカ将兵は日本兵の頭蓋骨や、骨を使って、置物や、ペンナイフを、土産品《みやげ》としてつくった。

このようなことは、ドイツ兵や、イタリア兵の戦死者に対しては、行わなかった。日本人は、害獣だった。

アメリカ兵がサイパン島や、沖縄で多数の日本の婦女子を虐殺したという、従軍記者による記録もある。（詳しくは、拙著『大東亜戦争で日本はいかに世界を変えたか』（ベスト新書）を、読まれたい）

日本人の奮闘が人種差別をなくした

今日、ニューヨークや、ワシントンの高級レストランで、ごく少数の富裕層の黒人の客の姿がみられる。黒人のテレビのキャスターも、珍しくない。

このように、アメリカにおいて黒人が白人に混ざって、活躍できるようになったのは、日本が先の大戦を大きな犠牲を払って、戦ったおかげである。

日本が戦ったために、まず、アジアの諸民族が解放された。

この植民地解放の高波が、アフリカ大陸も洗うようになって、アフリカの諸民族が独立を獲得していった。

アメリカは黒人を長いあいだにわたって、差別してきたが、アフリカ諸民族がつぎつぎと独立してゆくと、国内の黒人を抑えつけることができなくなって、黒人が平等の権利を要求するのを、受け容れることを強いられた。

黒人は第二次世界大戦が終わるまでは、野球のメジャー・リーグの選手になれなかった。ゴルフ界で、タイガー・ウッズが活躍しているが、黒人はゴルフコースでプレイすることもできなかった。

黒人のウィリアムズ姉妹が、プロテニスのスターとなっているが、テニスについても同じことだった。

黒人はゴルフコースや、テニスコートには、キャディか、球拾いのほかに立ち入ることが、できなかった。

私たちは、アメリカにおいて黒人が、白人と並んで活躍できるようになったことを、日本の力によるものとして、誇るべきである。

もし、日本が先の大戦を戦うことがなかったとしたら、今日でも、白人がアジアとアフリカを支配して、アメリカにおいて黒人に対するいわれない差別が、続いていたにちがいない。

人種平等の世界を築くことが日本人の夢

日本国民は明治に開国してから、二つの大きな夢を抱いてきた。

一つは、西洋の列強によって強いられた、一連の屈辱的な不平等条約を改正することだった。もう一つは、人種平等の世界を招き寄せることだった。

幕末に海外を旅した武士たちは、行き帰りに、アジア・アフリカで有色人種が西洋人によって、家畜のように使役されているのを見て、憤った。

今では、死語になっているが、先の大戦に敗れるまで、日本語のなかで白人を指して、「白魔《はくま》」という言葉が、日常的に使われていた。

もっとも、日本は先の大戦を、アジア・アフリカの諸民族を解放するために、戦ったのではなかった。

しかし、いったん戦端が開かれると、日本の多くの青年たちが、人種平等の理想の世界を実現するために、生命を捧げた。

昭和天皇は敗戦の翌年に、側近者につぎのように述懐された。

「第一次世界大戦後の講和会議において、わが国代表によりて主張せられたる人種平等に関する日本国民の叫びは、列国の容るるところとならず、黄白の差別観は世界の各地に残存し、かのカリフォルニア州日本人移民排斥のごとき、またオーストラリアの白豪主義のごときは、日本国民をして憤慨せしむるに充分なものであった」

第一次世界大戦の講和条約が結ばれた、ベルサイユ会議において、国際連盟憲章が起草された。パリ会議とも、呼ばれている。

日本全権団が、人種平等の原則を盛り込むことを、強く主張したにもかかわらず、議長をつとめたアメリカのウッドロー・ウィルソン大統領が先頭に立って、ヨーロッパの植民地主義諸国によって、日本案が葬られた。アメリカはフィリピンを植民地としていただけでなく、国内で黒人に対して人種差別を行っていた。

人種差別が人類の長い歴史を通じて、長いあいだにわたって行われてきたが、日本が先の大戦を戦ったために、人種差別のない理想世界が招き寄せられた。

アメリカのヒューストン大学のジェラルド・ホーン教授は、「フランス革命は絶対王制を倒すことによって、平民を解放した。ロシア革命は、労働者を解放した。日本は、全世界の有色民族を解放することによって、人類史における最大の革命を成し遂げた」（『人種《レイス》・戦争《ウォー》』、祥伝社）と、日本が世界史において果した役割を賞賛している。

日本の心と和の文化が、世界にひろまって、受け容れられることによって、人種間の抗争や、宗教戦争にはじめて終止符が打たれて、人類に恒久平和がもたらされることになろう。

日本人らしさが、世界を救う。日本のやさしい和の文化を世界にひろめることが、二十一世紀の日本に与えられた使命である。

これからも、多くの外国人が日本を観光のために、訪れることとなろう。日本の心を知ってもらって、日本の和の文化を学んでもらいたい。

あとがき

あとがきのなかで、本文を補足したい。

日本は国民が、心を分ち合っている。互に心が通じる、和の文化を持っているために、心を外国人とも分ち合うことができると、思ってしまう。

日本国憲法があれば、日本の平和が脅かされないとか、国連を〝世界の平和の殿堂〟として崇める、日本に独特な信仰は、外国人も、日本人と変わらない和の心を、持っていると考えて、警戒心を抱かないことから、発しているのだろう。

日本は西洋の列強によって、幕末に開国することを強いられてから、独立を守るために、国を挙げて「文明開化」政策をとった。

ところが、西洋を模倣することが、手段でしかなかったはずなのに、洋化の急流のなかで、手段と目的が取りちがえられて、日本人のあいだに、西洋崇拝癖がひろがるようになった。

それでも、大多数の日本国民が、日本に誇りを抱いていた。

ところが、先の大戦に敗れてから、日本を守るために戦った体験が、風化するにしたがって、アメリカによる保護を、〝平和憲法〟による恩恵だと、思いちがえるようになった。〝平和憲法〟は、日本が罪深い国であって、武力を捨てて、国民の生命と安全を、世界の諸国の善意に委ねることを、前提としている。

そうするなかで、国民のあいだに、アメリカが手本とすべき民主主義国だという、アメリカ崇拝癖が定着するようになった。

私はアメリカの大学に、一九五〇年代末に留学した。

その時に、アメリカで連邦政府が一九三六年から三年を費やして、歴史史料として多数の奴隷の生存者たちの聴き取り調査を行った報告書が、存在していることを知った。

この記録は、『奴隷の証言　元奴隷との対話によるアメリカ合衆国における奴隷の民俗史』(Slave Narratives: A Folk History of Slavery in the United States from Interviews with Former Slaves.）と題して、一九四一年までに全十七巻にのぼる記録が、刊行されている。

私はアメリカで、一八六五年まで奴隷制度が行われていたことを、頭のなかのどこかで承知していたが、一九三六（昭和十一）年生れなので、一九三六年にまだ多くの奴隷体験者が生きていたことを知って、ごく最近まで、アメリカに奴隷制度が存在していたのだと、心に刻まれた。

報告書を図書館で、何巻か拾い読みしたが、二三〇〇人の元奴隷による証言を集めたもので、酷《むご》い内容だった。アメリカのおぞましさを、あらためて知った。

護憲主義者たちは、アメリカをはじめとする諸外国を盲目的に信頼するあまり、国防努力を嫌って、毎日、無防備のまま、過している。

平成二十三（二〇一一）年三月三日に、想定外の事態に見舞われたために、福島で原発事故が起って、全国民を震駭《しんがい》させた。

その二年六ヶ月後に、政府の東京電力福島原子力発電所事故調査委員会が、報告書を発表している。

報告書は冒頭で、次のように述べている。

「福島原子力発電所事故は終わっていない。そして、日本の原発は、いわば無防備のまま、3日の日を迎えることになった。」

無為に過すことが、「国民の命を守ることよりも優先され、世界の安全に対する動向を知りながらも、それらに目を向けず安全対策は先送りされた。」

「『想定外』『確認していない』などというばかりで危機管理能力を問われ、日本のみならず、世界に大きな影響を与えるような被害の拡大を招いた。

この事故が『人災』であることは明らかで、歴代及び当時の政府、規制当局、そして当事者である東京電力による、人々の命と社会を守るという責任感の欠如《けつじょ》にあった。」

日本の国防体制の欠如について、警告している文章として、そのまま読める。

戦後の日本経済の発展を世界に向かって誇るよりも、日本文化を誇るべきではないだろうか。

本書を上梓するのに当たって、ＫＫベストセラーズの渡邉勇樹氏に、お世話になった。深謝したい。

加瀬英明（かせ ひであき）
１９３６年東京生まれ。外交評論家。慶應義塾大学、エール大学、コロンビア大学に学ぶ。「ブリタニカ国際大百科事典」初代編集長。１９７７年より福田・中曽根内閣で首相特別顧問を務めた。日本ペンクラブ理事、松下政経塾相談役などを歴任。著書に『イギリス　衰亡しない伝統国家』（講談社）、『昭和天皇の戦い』（勉誠出版）、『アメリカはいつまで超大国でいられるか』（祥伝社）、『中国人韓国人にはなぜ「心」がないのか』、『大東亜戦争で日本はいかに世界を変えたか』（ともにＫＫベストセラーズ）など。

ベスト新書
508

いま誇るべき日本人の精神

二〇一六年五月二〇日　初版第一刷発行

著者◎加瀬英明

発行者◎栗原武夫
発行所◎ＫＫベストセラーズ
東京都豊島区南大塚二丁目二九番七号　〒170-8457
電話　03-5976-9121（代表）
装幀フォーマット◎坂川事務所
印刷所◎近代美術株式会社
製本所◎株式会社積信堂
ＤＴＰ◎株式会社三協美術

ISBN978-4-584-12508-3 C0230